U0682213

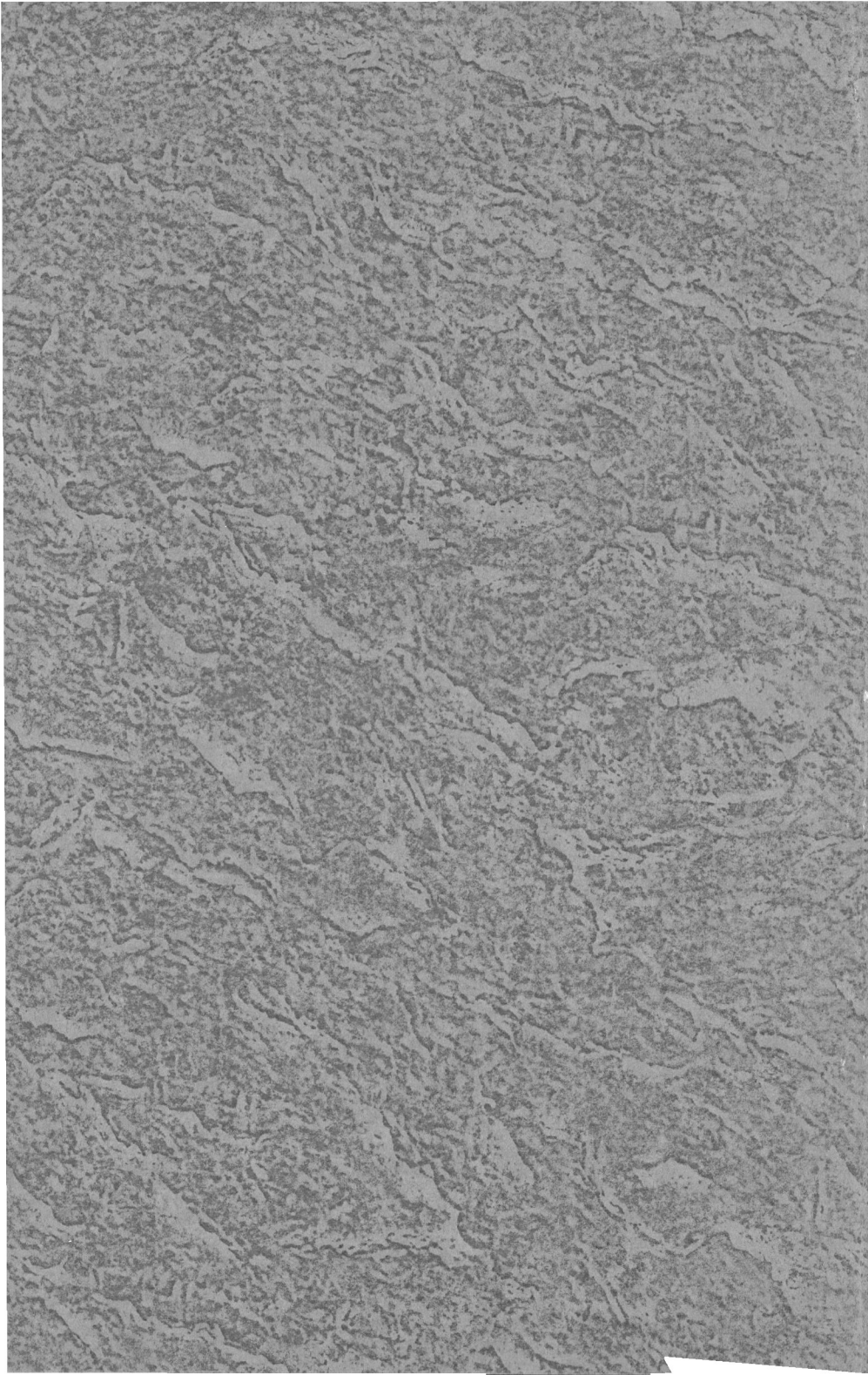

THE UNDERLYING
LOGIC OF
HUMAN NATURE

人 性 的
底 层 逻 辑

王 莉 —— 著

深圳出版社

前　言

　　我们的生活就是一张巨大的关系网：朋友关系、夫妻关系、恋人关系、亲子关系、同事关系、客户关系，以及邻居、老师、网友、教练等周围或熟悉或陌生的关系。这些关系充斥了我们生活的方方面面，可以说，把这些关系组合在一起，就是我们的人生。

　　那么，处理人与人之间的关系，尤其是社会人际交往，就是我们必须要掌握的本领和技能。也就是说，要想在职场、爱情、商业谈判或竞争中游刃有余，我们就要洞察人性、掌握一些心理学知识。

　　随着心理学研究越来越广泛而深入，有越来越多的心理规律被揭示出来。这些心理学规律揭示了人们心底共通的思维本质，这也就是我们本书所要讲到的"人性的底层逻辑"。

　　你是否遇到过这样的事情：别人请求你去做一件事情，这件事情对你来说并不容易办到，按你的本意应该果断拒绝，但是你却不知道怎么拒绝，或者不好意思拒绝。这种局面，也许是因为对方洞察了你的本性：比如，他先对你提出一个很大的、你完全不能接受的请求，随后再说出自己的真正请求；或者，他经常请求你帮一些不便拒绝的忙，一点点深入，最后说出自己的真正请求。这两种方法，都符合人性的底层逻辑。

很多商家都知道这样一种现象：一件价值100元的商品，如果直接标价100元，可能连续几天无人问津，但如果给它标上500元甚至1000元的高价，可能很快就会引起关注。这种现象中潜藏着的人性秘密，也许商家并不清楚，但是并不妨碍他照猫画虎地借用。对于消费者来说，在与商家的对决中，往往处于不利地位。

为了让自己占据主动地位，为了在工作和生活中更游刃有余，我们需要多掌握一些人性的底层逻辑。本书向读者展示了常见的人性逻辑，采用理论与实例相结合的方式，深入浅出地展现给读者。

希望在阅读过本书之后，大家对自己和他人的认知、对人性的理解，能够更清晰、更明朗，在人际中收获心智的成熟。

目　录

第三章

世故：高情商的人都懂得运用心理沟通技巧

第四章

破防：人是一种感性动物

第五章

局限：我们经常会掉进自己的思维陷阱

第六章
影响：你不像看上去那样"人格独立"

第七章
平心：太有进取心反而不容易成功

第八章
通透：在人际沟通中看懂人心

第九章
进阶：从平凡到卓越所具备的素养

第一章

复杂

人性，从来不是非黑即白

面对两难选择，人们首先会考虑个人利益

在心理学中，有一个著名的理论叫作"囚徒困境"，它是指在面对两难选择的时候，特别是个人利益与团体利益相互冲突且个人并不知道团体中其他人的选择的时候，人们更趋向于选择个人利益。

这是一个十分重要的理论，它在某种程度上揭示了人们做某些事情时的准则。在这个理论刚被提出来的时候，它并不能够让所有人信服。在很多人的心里，大多数人都是能够做到大公无私这一点的。比如体育团体比赛，为了团体最终能夺取胜利，每个队员都会拼尽全力，从不会计较个人得失，这难道还不能说明人可以为了团体利益而抛弃个人利益吗？为了证明这个理论，心理学家做了一个实验，就是著名的"囚徒困境"实验。

在实验的最初阶段，实验者先给受试者讲述了一个故事。

某一天，在一个富翁的家中发生了一起入室抢劫案，富翁死在了自己的家中，而他放在家中的珠宝也被杀人犯拿走。为了能够迅速破案，警察多次勘查犯罪现场，经过一段时间的追踪和调查，最终确定了两名嫌疑人。警察迅速对两个嫌疑人

进行调查，并且对两个人的家都进行了搜查。最后，警察在两个人的家中都发现了富翁丢失的珠宝。因此，警察就把这两个犯罪嫌疑人都抓到了警察局。

经过审讯，两个人都承认自己曾经进入富翁的家中抢劫，但是都不承认富翁是死在自己手上的。随后，警察把两个嫌疑人分别关押在不同的地方，给了他们下面的几种选择，让他们考虑清楚了再回答。

第一，两个人都不承认自己杀人的事实，那么，他们两个都会被关进监狱，但是刑期只有一年。

第二，揭露对方是真正的杀人犯，这样自己就可以无罪释放，而对方却要进监狱服刑，时间可能会达到十年。

第三，两个人相互揭发，那么两个人都将面临八年的监狱生活。

随后，实验者要求受试者把自己当成其中的一名犯罪嫌疑人进行选择。

结果，在最开始的时候，有大约一半的人会选择自己不承认，也不揭发对方。但是，随着审讯次数的增加，越来越多的人选择揭发对方，到最后只有大约20%的人选择不承认也不揭发。

为什么会出现这样的情况呢？

我们先对警察给出的几个选择进行分析。第一，两个人都不承认杀人，也都不揭发对方，那么双方都只会有一年的刑期。相对于其他的两种选择来说，这显然是一个双赢的选择，因为双方的刑期最少。第二，一方揭发另一方，而另一方没有选择揭发对方，揭发的人无罪，被揭发的人要判十年。这样的选择明显非常符合揭发方个人的利益，因为只要揭发对方，自己就可以无罪释放。第三，互相揭发，双方都被判八年。这是最坏的结果，不符合双方的利益。

各种选择的利与弊非常明显，那么为什么随着审问次数的增加，选择最不符合双方利益的人越多呢？

其实，每个人都存在一种侥幸的心理。在一件事情最开始的时候，人们的侥幸心理往往都会非常严重。因此，在最开始时，更多的人会倾向于最有利于双方的选择，也就是第一种。但是，随着时间的推移，人的侥幸心理会慢慢消失，因为自己毕竟并不知道对方到底会怎么选择。同时，人们的怀疑心理会逐渐增加，总觉得对方一定会揭发自己，毕竟这是对对方最有好处的选择；因此人们就会觉得不揭发对方是不明智的选择，于是会选择揭发对方。同时，因为这种做法很可能会让自己获得最大的利益，所以，人们的内心深处也更倾向于这个选择。

从这个实验中我们可以看到，**虽然双方依靠默契的合作能够使双方的利益达到最大化，但是，因为心里面对于其他人的不信任，以及对具体情况的不了解，人们会更倾向于保证自**

身利益的最大化。

其实，这种情况在现实中是非常普遍的。并且，这种情况不仅仅会出现在个人的身上，也会出现在一些相互竞争的公司身上。

比如，两家销售同一种商品的经销商为了促进销售、抢占市场，打价格战。虽然商品降价后销量增加了，但也使得经销商的利润下降了。而提高定价，又可能会失去市场份额。这就使两家经销商陷入了囚徒困境。

而如果两家经销商遵守市场规则，统一定价，虽然不会扩大市场份额，但是因为没有随便降价，利润没有受到损失，最终得到了双赢的结果。

我们可以看到，人们在面对两难选择的时候，总是会尽量保证自己的利益最大化。最终的选择虽然看似是自身获得了最大的利益，然而因此损失的东西往往比获得的利益要多得多。那么，我们应该怎样选择呢？

首先，应该去了解其他人的想法，这样能够防止我们盲目地进行选择。

其次，要尽量与其他人合作，只有这样才能够让自己的利益最大化。

最后，要把目光放长远，不要局限于眼前的利益，这样才能实现共赢。

自私心理与团结意识并不矛盾

有人说，人都是自私的，所谓"人不为己，天诛地灭"；当然，也有很多人并不同意这样的观点，认为人是讲究团结合作的。这个问题就像是人性本善还是人性本恶一样，是一个无解的问题。其实人性是复杂的，不能一概而论，人有自私心理的同时，也会有团结意识，这两者并不矛盾。

先来看一个寓言故事。

人们死去的时候都想着升入天堂，不想被打入地狱。有一个人不知道为什么大家都这么想，就决定去地狱和天堂各走一圈，考察一下。

这个人先来到了地狱。地狱里的情况真是惨不忍睹：这里的人又瘦又小的，像饿死鬼一样，而且，时时刻刻都处在痛苦之中，脸上没有一丝开心的模样。来考察的人问其中一个人："你们为什么会这样？"那个人回答说："我们根本吃不到东西！"来考察的人纳闷了，他明明看到有大锅食物，还有长柄勺在他们手中，怎么会吃不到东西呢？突然，考察的人明白了，因为他们用的勺子柄太长，每一把勺子都有一米长，拿在手里，即使盛到了食物，自己也无法送到自己嘴里。所以，他们才会饿得面黄肌瘦，形容枯槁。

看到这样的情景，考察的人绝望了，有食物却无法吃到嘴里，这真是一个悲惨的世界！后来，考察的人又来到天堂。果真，这里的情景与地狱里完全不同。这里的每个人都精神焕发，他们开心地笑着，嬉戏着。然而，当看到那一幕的时候，考察的人才恍然大悟，他终于知道天堂里为什么这么和谐美好了。因为他看到，天堂里也有与地狱里同样的食物，提供给人们的勺子也一样，不同的是，这里的人能吃到食物。原来，因为勺柄太长，人们不能自己吃到食物，可是，却可以用它将食物喂给别人。天堂里每个人都能吃饱，就是因为他们是互相合作来吃饭的。正是这种团结合作的精神，让他们都没有挨饿。

人是应该自私，时刻只为自己考虑，还是应该心中也有他人，善于与他人团结合作呢？这则寓言已经给了我们答案。

有一家公司正在招聘员工，他们已经从大量的应聘者中筛选出了三个人，这三个人都非常优秀，人品、学历、工作经验等都相差不多。然而，这家公司只招聘两个人，所以还要从中选择出两个。他们给出了最后一个题目：假设三个人一起参加冒险活动，在一望无际的沙漠里，返回途中，车子坏了，所以只能徒步走出沙漠。车上有一些东西，指南针、一瓶水、刀、火柴、绳子、只能两人住的帐篷、镜子，但是，每个人只能选择四样，问：如果是你，会选择哪四样？

过了不久，三个人都给出了答案。

应聘者甲选择了刀、帐篷、水和火柴。面试经理问甲："水、帐篷和火柴都是吃住的必需品，可是你为什么会选择刀呢？"甲回答说："这是防身用的。俗话说'害人之心不可有，防人之心不可无'，沙漠里条件这么艰苦，况且水只有一瓶，帐篷只能两个人睡，在这种情况下，说不定就会有人为了争夺生存机会而害人，所以要拿把刀防身。"经理点点头，没有说什么。

他又分别看了乙、丙的答案。他们两个人的答案是相同的。选择的都是：水、帐篷、火柴，还有绳子。乙是一个女孩，她解释说："水是必需品，虽然只有一瓶，但是省着点喝，互相坚持一下，也是够的。帐篷在晚上睡觉时一定要用到。虽然只够两个人睡，但是三个人可以轮换着休息。火柴也必不可少，照明或者烧烤食物都需要用到。在沙漠里，绳子也很有必要，因为沙漠中风沙太大，当有沙尘暴的时候，很难看到人，所以为了不使三个人走散，就要用绳子将大家连起来。"同样，丙也是这样认为的。

最后的结果是甲被淘汰了。

无论是远古社会还是现代社会，团结合作的精神都是必不可少的。远古社会生活条件太艰苦，人们在防御凶猛的动物、寻找食物以及保护自己的族群等时候，都需要团结起来，只有这样，力量才能强大。而现代社会，虽然没有凶猛的动物能够袭击我们，但工作和生活中的分工越来越细了，人们更要靠团结协作来把工作和生活琐事做好。我们要承认，遇到一件事的时候，人为自己考虑、有私心，这是一种生存的本能，是无可厚非的。但我们更应该清楚，与别人团结合作，更符合双方的利益，才是更好的选择。

智慧的人以无私成就自私

这个世界上有一种人，别人总是能够在各种各样的慈善场合见到他们，他们付出自己的金钱和财富去帮助别人，但从没要求过任何回报。这种行为让人很感动。

然而，面对这种非常舍得付出却不求回报的人，也有的人会说他们傻，还有人说他们是在作秀。

从心理学的角度来讲，人的本性就是只要付出了就应该得到回报，并且自己的付出和回报应该成正比。

然而那些做慈善的人，对于别人的议论并不在意，他们依然我行我素地做着那些别人觉得不能理解的事情。那么，他们是怎么想的呢？为什么他们明知道付出之后得不到回报，却仍然还是乐此不疲地付出呢？

对于这些问题，美国心理学家史塔勒也非常感兴趣，因此他就投入到研究这种现象的事业中来。他研究的对象非常有名气，是在全世界都很著名的影视演员奥黛丽·赫本。

史塔勒曾经翻阅过很多20世纪50年代的报纸，在其中发现了很多关于奥黛丽·赫本的报道。在这些报道中，史塔勒发现了赫本与其他的影星身上最显著的区别：第一点是赫本曾经经历过 8 年的息影生活，这一点，其他的明星都不曾有过。第二点是赫本非常热衷于去做那些没有任何报酬的慈善工作，比如她曾经做过 67 次的联合国亲善大使，在 1956 年到 1963 年这几年间，更是每个月都会去码头、监狱和黑人社区做义工；她还曾经拒绝过某个公司每小时 5 万元的演出邀请，反而去医院给一个小男孩做护理服务。这些都证明奥黛丽·赫本是一个热衷于慈善且不求回报的人。

史塔勒在了解到赫本做的这些事情之后，开始是非常不理解的，因为他认为赫本做的事情似乎是完全没有意义的。但是，在他的心里却又觉得赫本这样的人物并不会无缘无故去做这样的事情，更不可能为了做这些事情而放弃自己的演艺事业。他猜测这里面一定包含着人性的另一层次，所以他决定继续调查下去。

为此，史塔勒又对其他一些热衷于慈善事业的人进行了研究，结果发现，这些人和奥黛丽·赫本一样，心理非常健康。他们都有着一些共同的特点：基本上都没有看过心理医生，在生活中也没有任何怪癖和不良行为的记录，总是特别乐观，给别人的感觉就是非常幸福。

根据研究的结果，史塔勒提出了以自己的名字命名的"史塔勒公理"，即热衷于慈善事业的人，在付出了自己的金钱、物质和劳动之后，并不是人们想象的那样没有任何回报，反而是获得了巨大的回报，只不过这种回报并不是表现在金钱和物质上，而是表现在精神层面和心理层面，简单点说，它会让一个人变得更加快乐，并且得到更多的心理上的满足。也就是说，不求回报的奉献会让人更快乐。这样也就解释了，为什么那些做慈善的人明明在我们看来什么都没得到，却总是一副很快乐的样子。

当史塔勒公理被提出之后，虽然大多数人都半信半疑，但是仍然在好莱坞掀起了一阵做联合国亲善大使的热潮，毕竟也不需要付出什么。但是，当那些人争着抢着做了那些慈善的事情之后，果真得到了精神上的愉悦和心理上的满足。这其实就是对史塔勒公理最好的证明。

美国亚利桑那大学的心理学家罗伯特·恰尔迪尼，曾经提出过一种说法，叫作"给予者的快乐"，这个观点就是对史塔勒公理的最好诠释。史塔勒公理告诉我们，现实生活中之所以会有那么多人总是感觉到不快乐，主要是因为过于追求金钱和物质。只要人们能够放下这一点，热衷于慈善，热衷于奉献，就一定能够得到快乐，能够拥有健康的心理。

欲望的沟壑一旦开启，便再也难以填平

微软公司的创始人比尔·盖茨曾经是世界首富，但他曾对媒体宣布，将自己的遗产捐献于慈善事业，仅给自己的子女留下几百万美元。很多人不解，堂堂的世界首富为何对自己的子女这么狠心？因为比尔·盖茨深谙"欲望的沟壑一旦开启，便再也难以填平"的人的本性，为了避免子女养成不劳而获的坏习惯，他决心营造普通人家的环境，让子女明白生活的不易，最终养成自立能力。

在心理学当中，我们把"欲望的沟壑一旦开启，便再也难以填平"这种情况概括为"棘轮效应"，主要说的是一种不可逆的消费观念。棘轮效应是由经济学家杜森贝里提出的一个著名论断，最初主要是为了反驳古典经济学家凯恩斯提出的"消费是可逆的"这一观点。凯恩斯认为，人们的消费水平与人们的绝对收入是成正比关系的，即如果人的绝对收入发生变化，那么人们的消费水平也会随之发生变化，只有绝对收入水平非常高的时候，人们的消费水平才会维持在一个很高的水平。然而，杜森贝里却认为凯恩斯这个观点只能存在于理想当中，在现实生活中是绝对不会存在的。因为人们的消费观念究竟如何，不可能只取决于绝对收入的水平，还会受人们自身的消费习惯的影响，这种影响是绝对意义上的深度影响。同时，人们自身的消费习惯又受到许多因素的影响，比如自身的生理需要和社会需要、个人的经历以及个人的经历所造成的后果等。特别是个人在收入最高时所达到的消费标准，对消费习惯的形成有非常重要的作用。

这里有一个消费习惯的问题。我们都知道，一个人只需要十天就能够养成一种习惯，这种习惯往往是不可逆的，即使想要改变，也非常困难。当人们去做一件事情的时候，往往都会根据自己的习惯去做。也就是说，当人们养成了奢侈的消费习惯之后，是不可能随随便便改变的。

另外，这里还有一个人的内心欲望的问题。人的欲望是无限的，人们的追求只有更高，没有最高，当人们养成了奢侈的消费习惯之后，是无法容忍生活品质下降的。所以，为了维持和满足自己心里的欲望，人们必须要维持奢侈的消费水平，根本不可能降低。

再者，这里面还存在着一个面子的问题。很多人对于自己的面子特别在意，总觉得自己如果从一个出手大方的人变成一个非常抠门的人，一定会被人瞧不起，因此是一定不能降低自己的消费水平的。

其实，棘轮效应早在商朝就已经得到了证明。商朝最后一个王——纣王，在登基的时候，商朝还是非常强大的，纣王的表现也是非常好的，从里到外都是一个明君的样子。在当时，人们认为纣王一定会成为一个精明的君主，继续把国家管理得坚如磐石。然而，因为一件小事，纣王的叔父箕子对纣王产生了不同的看法。

有一天，纣王命人用象牙做了一双筷子，之后十分高兴地使用这双象牙筷子就餐。他的叔父箕子见了之后，就劝他把筷子收藏起来，认为这并不是一个好的现象。但是，对于箕子的劝说，纣王却满不在乎，满朝文武大臣也不以为然，认为这是一件很平常的小事，根本就不会造成多大的影响。况且，作为一个强大的国家的君主，用一双象牙做的筷子吃饭也是理所当然的。

然而，箕子却为此忧心忡忡，非常烦恼。对于箕子的表现，满朝的文武大臣当然很不理解，于是就有关系好的大臣问箕子到底在担心什么。箕子说："如今纣王用上了象牙做的筷子，必然不会再用土制的瓦罐盛汤装饭，而是要改用犀牛角做成的杯子和美玉制成的饭碗。有了象牙筷、犀牛角杯和美玉碗，难道还会用它们来吃粗茶淡饭和豆子煮的汤吗？大王的餐桌从此顿顿都要摆上美酒佳肴了。吃的是美酒佳肴，穿的自然要绫罗绸缎，住的就会要求富丽堂皇，还要大兴土木筑起楼台亭阁以便取乐了。每次一想到这样的结果我都会非常担心，这样下去，国家又怎么能够长久呢？"

对于箕子的担心，纣王和满朝的文武大臣依旧不以为然。然而，事实证明了箕子的预见。仅仅用了几年的时间，纣王就因为自己的骄奢淫逸而断送了商朝几百年的江山社稷。

我们可以想一下，如果纣王发现自己的奢侈可能会带来的后果之后，及时改变自己，恢复到节俭的状态，又会是什么效果呢？会出现众叛亲离的情况吗？如果是那样的话，历史很有可能就会改写。个人觉得，商朝后期的时候，纣王一定也发现了所有的坏的结果都是自己的奢侈所造成的，然而他却并没有改变，这就充分说明了当一个人习惯了奢侈之后，是很难重新走向节俭的。

从这里，我们可以看到棘轮效应的严重危害，因此人们要避免自己受到棘轮效应的影响。那么，究竟怎样才能做到这一点呢？

其实方法很简单，就是一直保持一个节俭的习惯，不论是贫穷还是富裕，都不让自己养成奢侈消费的习惯，防微杜渐，从根本上杜绝棘轮效应对人们产生的影响。

只要有别人在，责任感就会降低

我们在很小的时候都听说过《三个和尚》的故事。在故事中，只有一个和尚的时候，他会挑水喝；两个和尚的时候，就变成了抬水喝；最后增加到三个和尚时，却喝不上水了。为什么会出现这样的情况呢？为什么在人数增多了之后，这三个和尚却无所作为了呢？

心理学家巴利和拉塔内曾做过一个实验。实验的主要内容是让 72 名不知真相的参与者与一名假扮癫痫病的人保持可以进行交流的距离，当中，假扮的病人会大呼"救命"。实验一共分为三种情况：第一种是受试者与那个需要帮助的病人一对一地交流；第二种是有两个受试者，一个与需要帮助的病人进行交流，一个旁观；第三种是五个受试者，其中一个与需要帮助的病人交流，其他四个人旁观。在交流的过程中，需要帮助的病人会明确地向受试者表达出自己需要帮助的意愿。最后实验结果显示，人数越少的时候，需要帮助的病人所表达出的意愿越容易得到满足。其中，在一对一的交流当中，有 85% 的人满足了需要帮助者的意愿。而在有四个人旁观的交流中，只有 31% 的人做到了这一点。

实验结果表明，在某些事件发生的时候，在场的人数越多，实施行动的人反而会越少。心理学家把这种现象称之为"旁观者效应"，也可以叫作"责任分散效应"，或者叫作"社会惰化效应"。

所谓的社会惰化效应，即指如果一个人单独面对一件事情，那么这个人会尽最大的努力去完成这件事情。如果是一群人面对一件事情，那么在解决事情的时候，群体中的个体就不会尽自己的全力去解决事情，甚至根本就不会出力，因为大家都想着别人会解决问题，而自己则坐享其成。也就是说，群体中一个人的责任感会随着群体人数的增加而降低。

这种现象很好地解释了三个和尚没水喝的情况。然而，这种现象似乎对人们的认知产生了影响，很多人都无法理解这样的现象为什么会产生。在生活中，我们的经验是"人多力量大""众人拾柴火焰高"；而社会惰化效应却告诉我们，人越多，力量反而越小：这不就是相互矛盾了吗？

其实并不是这样的。简单来看，我们可以理解为两种相互矛盾的理念之所以会产生，主要是因为面对的情况不同："人多力量大"面对的情况是自己的生命财产受到威胁的情况；而"人越多，力量越小"面对的则是他人的生命财产受到威胁的情况。

但是，仍然有很多人认为，即使是面对他人的生命财产受到威胁的情况，也不应该出现人多力量小的情况，毕竟助人为乐是一种美德，人们要做的是把它发扬光大。然而，社会惰化效应确实是真实存在的，那么它产生的原因到底是什么呢？

第一，追求自己心里面的公平感。当群体共同完成一件事情的时候，群体中的个体总是会产生这样的心理，那就是如果别人偷懒，自己也应该偷懒才算公平。这种人性的普遍现象，造成社会惰化现象的产生。

第二，责任分散。面对一件事情，人越多，每个人承担的责任自然就越小。同时，由于个体混杂在整体当中，个人的行为自然也就混杂在群体行为之中。这种情况下，个体把自己应承担的并不多的责任推卸给别人，并不会产生任何心理负担，也不见得会被别人发现。如果一个群体中只有一两个这种推卸责任的人，负面影响还不算大，但如果群体中都是这样的个体，就会产生严重的后果。

第三，人们都担心自己的付出得不到回报。这是一个很现实的问题。一个群体的功劳不可能只归功于团队中的某个人，而大多数情况下，个体的投入和团队之间的产出关系又不明确，因此个体面对不确定的回报，不可能会尽全力去付出。

第四，法不责众。这是很多人心里面最真实的想法。很多人在面对惩罚的时候，如果只有自己一个人，就会非常害怕，而如果有很多人和自己一起受罚，就会表现出一种无所谓的态度。

第五，人们的从众心理。任何一个群体中，都需要一个带头人，没有带头人的群体终究会是一盘散沙。在面对一件事情的时候，如果群体中有一个人起到带头的作用，那么其他人很可能就会跟着努力。如果没有人能起到这个作用，那么个体自然也就不会行动。

第六，一些其他的因素。比如在现代社会，有老人倒在地上，周围的行人脚步匆匆地走过去，没有人去扶老人，因为他们担心扶起老人会被老人讹诈，这就是一种社会惰化现象。

对于整个社会来说，社会惰化现象并不是一种好现象，社会惰化效应所产生的影响也并不是好的影响，那么应该如何避免这种情况的发生呢？最有效的办法就是明确群体中所有人的分工，让每个人都知道自己应该干什么，不应该干什么，也要让每个人都知道自己没有完成任务将要受到惩罚，这样就不会出现推卸责任的现象。同时，还要加强人与人之间的信任，起码在帮助别人之后不会发生让施助者心寒的事情。另外，还可以增加一些奖励的机制，刺激群体中所有人的积极性。

解决社会惰化现象是所有人的愿望，想要做到这一点，我们必须要从自身做起，明确自己应该承担的责任和义务，不把责任推到别人身上。或许我们可以这样想，是金子总是会发光的，只要我们努力，只要我们能够承担起自己的责任，就会得到应有的回报。

不要轻易对人做出承诺

每个人都可能承诺过别人一些事情。这种情况最后会产生两种结果：一种是完成了自己承诺的事情，另一种是没有完成自己承诺的事情。这两种结果所造成的后果也是完全不同的：完成自己的承诺，那么你在别人心中的形象会高大许多，别人也愿意和你做朋友；而如果没有完成自己的承诺，那么你在别人心里面的形象就会一落千丈，如果对方是一个小心眼儿的人，你们不但做不成朋友，甚至你和其他人也做不成朋友了，因为对方很可能会把你不遵守承诺这件事情到处宣扬，进而导致你在其他人心中的形象也受到损伤。所以，现实中，每个人都知道完成自己承诺的重要性。那么，为什么完成自己承诺的事情如此重要呢？为什么不信守承诺会造成那么严重的后果呢？

在心理学中，这种现象主要是因为受到了"预期效应"的影响。预期效应理论认为，在每个人的心里面都有一根预期的底线。如果一件事情的结果达到了自己预期的底线，那么人们就会产生高兴甚至是兴奋的情绪；如果一件事情的结果没有达到预期的底线，就会产生消极、难过和失望等情绪。而你做出的承诺，其实就是别人心里的预期底线。如果你完成了承诺，那就是超过了预期的底线，自然就会产生积极的情绪。如果你不能完成承诺，那就是没有达到对方预期的底线，对方自然就会产生消极的情绪。比如，家长答应孩子考试得第一名之后就给孩子买某样东西作为奖励，但是在孩子考试得了第一名之后，却并没有得到家长承诺的东西，这样孩子的预期没有得到实现，孩子很可能就会又哭又闹，甚至再也不相信家长的承诺了。实际上，如果没有家长对孩子承诺这件事情，孩子在得了第一名之后，即使什么都得不到，也不会对家长有任何负面反应。所以说，做人，一定要信守自己的承诺。

然而，并不是所有人都意识到信守承诺的重要性，很多人觉得因为各种原因没有兑现承诺，不会给对方带来什么伤害，对方也会理解和原谅自己的。但是，情况真的是这样吗？我们可以看一个有关心理预期的实验。

实验是心理学家廷克波在 1928 年用猴子作为受试者进行的，主要内容是让猴子辨别出摆放在它前面的两个盒子中，哪个里面装着它喜欢的香蕉。

实验总共进行了两次。在第一次实验的时候，廷克波把一个香蕉当着猴子的面放在了其中的一个盒子里，随后让两个盒子从猴子的视线中消失一段时间。过了一会儿，再把盒子拿到猴子的面前，让猴子选出装着香蕉的盒子。结果猴子非常聪明，它顺利找到并且吃掉了香蕉。

第二次实验，廷克波同样是当着猴子的面把香蕉放到了一个盒子里，随后遮挡猴子的视线。与第一次不同的是，廷克波把香蕉换成了莴苣叶子。随后盒子重新回到了猴子的视线当中。因为香蕉已经不在了，这次猴子自然是找不到。当猴子看到盒子里装的是莴苣叶子的时候，显得非常愤怒。愤怒的猴子在找了一圈也没找到香蕉的情况下，扔掉了莴苣叶子，并且朝着廷克波大发脾气，以此来表达自己的不满。

在这个实验中，猴子发现原本属于自己的东西消失之后，心理上是完全不能接受的，即使有其他东西的补偿，仍然不能消除猴子失望和愤怒的心情。在这里，香蕉就是廷克波给猴子的心理预期，当香蕉变成了莴苣叶子之后，猴子没有达到预期，就会产生一系列的消极情绪。把这个实验套用在人的身上，效果是一样的。

很多时候，人们对别人做出的承诺，自己可能并没有当成重要的事，甚至只是为了应付别人才说的。然而，自己不在乎，不代表对方不介意，对方很可能把你的承诺牢牢地记在了心里，就等着你去完成。这种情况下，如果你不去完成，不可避免地就会成为别人眼里的失信者、骗子，这对一个人的形象绝对是致命的破坏。

总之，受到预期效应的影响，人们完成自己的承诺是一件非常重要的事情。那么，在日常生活中，我们应该如何做才能够避免预期效应对自己的影响呢？

第一，不要轻易对别人做出承诺，如果觉得是超出自己能力范围的，千万不要答应，否则就会陷入两难的境地。

第二，只要是对别人做出了承诺，就一定要做到。

第三，做出承诺之后一定要记住，很多人因为没有完成承诺而被别人质问的时候，都会用"忘了"这个理由，这样的借口不但不会让人相信，反而会让人更加愤怒。

那么，一旦我们真的因为某些原因而没有完成自己的承诺，到底应该怎样挽救呢？首先要确定一点，就是不能逃避，要勇敢地面对，这才是解决问题的正确态度。其次，不要随便找理由，比如忘记了、之前是在开玩笑等，这只会加深矛盾，让别人更加愤怒。要把没有完成承诺的理由坦诚相告，很多时候人们是能够理解的，并不是所有的人都不讲道理。最后，要尽自己最大的努力去弥补，所谓"亡羊补牢，为时未晚"，当你尽力去弥补的时候，别人也是能看到的，这样对方不但不会愤怒，还有可能会被感动，这样就维护住了自己的良好形象，对于以后的人脉发展也会起到积极的作用。

总之，预期效应告诉我们，承诺是一把双刃剑：**如果你完成了你的承诺，那么在别人的心里面，你还是你。如果你没**

有完成你的承诺，那么在别人的眼里你就是骗子，你的形象就会大打折扣。

可怕的两极分化：强者愈强，弱者愈弱

　　有这样一个故事：

　　一户大户人家的主人要出远门，想要把自己的一部分财产分给仆人保管。临行前，他分别叫来了家里的三个仆人。主人交给了第一个仆人5个塔伦特（古罗马的货币单位），给了第二个仆人2个塔伦特，给了第三个仆人1个塔伦特。然后，主人就走了。

　　一段时间之后，主人回来了。三个仆人都兴冲冲地带着钱来见主人。第一个仆人一下子就拿出了10个塔伦特。原来，主人走后，他用主人给他的那5个塔伦特做生意，又赚了5个塔伦特。主人表扬了他："你做得很好，有自信，又敢于实践，我会让你掌管更多事情的。"主人就分给了他很多土地。

　　接下来，第二个仆人也拿着钱来找主人。他除了带回了主人最开始给他的那2个塔伦特，还拿来了另外的2个塔伦特，在主人不在的那段时间里，像第一个仆人一样，他也做了一些小买卖，所以又赚了2个塔伦特。主人对他也比较满意，说："做得不错，我会分一些土地给你的。"这样，第二个仆人也得到了一些土地。

得知主人回来了，第三个仆人也满心欢喜地来找主人，不过与前两个不同，他什么都没有带来。原来，在主人走后，第三个仆人什么都没做，为了保险，把主人给他的那1个塔伦特埋在了地里。他高兴地对主人说："主人，我知道你有远大的志向，想要得到没有播种的土地，所以我就把你给我的钱埋在了地里。你瞧，那里就埋着你的钱。"

面对第三个仆人的做法，主人很生气，他呵斥道："真是又懒又傻的家伙。你知道我想得到没有播种的土地，干吗不把钱存在银行，然后获得利息，再连本带利还给我呢？"说完，他便吩咐其他人把原来给他的那1个塔伦特没收了，然后给了那个赚了5个塔伦特的仆人。

第三个仆人很不服气："他已经拥有10个塔伦特了，为什么还要给他？"

"拥有的多的，还要给他，多多益善。拥有的少的，连他有的也要夺走。"主人意味深长地说。

很多读完这个故事的人，都会有一个感觉，觉得这个主人简直就是一个强盗，都会为第三个仆人鸣不平："明明第一个仆人已经有10个钱币了，本身两个人之间的差距就已经很大了，为什么还要变本加厉呢？"一般都会认为，应该让钱多的那个人，分一些钱给钱少的那个人，以此来减小两个人之间的差距。

其实，如果我们联系现实生活中的某些事情来看，就不会产生这样的疑问了。比如在一个公司当中，对于那些表现好的人，老板就会给他们涨工资或加奖金，而那些表现不好的人，很可能会被开除。这才是社会的现实，这种做法与故事中的主人的做法一样，更符合人性。

这种"强者愈强，弱者愈弱"的两极分化现象就是马太效应，是由著名的社会学家罗比特·莫顿首先提出的。其实，我国古代的哲学家老子，就阐述过马太效应的原理。老子的《道德经》中有这样一句话："天之道，损有余而补不足；人之道，损不足而奉有余。"这句话就明确说明了，人性的逻辑就是用不足的去满足富余的。

在现实中，马太效应存在于社会生活的各个角落，比如：朋友多的人，随着交际圈的不断扩大，朋友会越来越多；而朋友少的人，只会越来越孤独。越是名声大的人，想要出名就越容易；而那些默默无闻的人，想要出名就要付出更多的努力。学习成绩好的学生，更容易被老师关注，学习成绩就会越来越好；而学习成绩不好的学生，由于不能得到老师的重视，很可能会觉得连老师都放弃了自己，这样就可能会产生自暴自弃的心理，学习成绩就会越来越差。一个自信的人，会不断地努力，也就会不断地取得成功，这样就会越来越自信；而一个缺乏自信的人，遇事只会退缩，慢慢地就会处处受限，感觉自己什么事情都做不好，这样就会越来越不自信。

那么，马太效应产生的原因是什么呢？有研究表明，马太效应产生的根本原因就是竞争，从本质上来说，马太效应就是一种优胜劣汰的现象，而优胜劣汰恰好也是竞争的本质。竞争造成的最直接结果就是分出胜利者和失败者，而胜利者和失败者随后的发展恰好就是走上马太效应的道路。试想一下，如果没有竞争，人们无法分出谁优谁劣，又怎么会出现马太效应这种情况呢？另外，马太效应的产生也具有一定的偶然性，比如一个人平时非常努力，但是却因为一个疏忽而忘记了一些事情，进而和其他人之间产生了差距，最终走上自暴自弃的道路，这就是一种偶然。

作为个体来讲，自然是不希望看到马太效应对自己产生影响，毕竟谁也不能保证自己永远都会受到好的影响，那么，人们应该如何制止马太效应的形成以及消除其对人产生的影响呢？

如果只是根据马太效应产生的根本原因来决定的话，那么最好的办法自然就是让这个世界没有竞争，然而这明显是不现实的。社会要发展，人们要进步，这些都离不开竞争，所以不可能让竞争消失。如果不能取消竞争，那么最好的办法就是在竞争的环境下尽量保证公平。只要能够保证竞争过程中的分配公平，就能够尽量避免马太效应的产生，最终消除其所造成的影响。

在了解了马太效应之后，我们应该明白，对于我们个人来说，在社会的竞争中要努力进取，保证自己处于一种优势和强者的地位。只有这样，我们才能避免受到马太效应的影响。

第二章

软肋

看重面子的人，心底都有些自卑

跟有缺点的人打交道，心里更舒适

在很多事情上，人们的想法都是相同的。比如，在人与人交往的过程当中，基本上所有的人都认为应该把自己最好、最完美、最优秀的一面展示给别人，因为这样才能够吸引别人的目光，获得别人的好评。特别是在相互并不熟悉的时候，人们总是会让自己变得很完美，甚至会为了掩饰自己的缺点而进行伪装。但是，这种想法和做法真的是正确的吗？

从心理学的角度来说，这种观点似乎并不是正确的。在心理学中有一种效应叫作"缺陷效应"，也可以叫作"暴露缺点效应"，即对于一个完美的人来说，保持自己在外人面前的**完美形象并不一定会得到别人的喜欢，但如果能够适当地暴露一点小缺点，会让别人更喜欢**。联系现实，人们就会发现，这确实是有一定道理的。比如，当你遇到一个非常完美的人的时候，虽然你会对他有非常高的评价，非常欣赏他，但是更多的时候却会选择站在远处欣赏，而不是和他产生交集，或者是成为朋友，也就是说，一个人越是完美，人们就越是想要远离他。而人们交朋友，通常都是选择有一些小缺点的人，这就是因为受到了缺陷效应的影响。

缺陷效应是由社会心理学家阿伦森提出的。为了证明自己的观点，阿伦森还做了一个心理实验。那是一个非常简单的实验，实验的内容就是请受试者听一段录音，录音的内容是四位选手在一次演讲比赛中的演讲，而受试者需要做的是在听完录音后排列出自己对这四位选手的喜欢程度。

第一位选手才华出众，演讲的过程非常出色，可惜打翻了桌子上的咖啡。第二位选手同样是才华出众，而且没有打翻桌子上的咖啡，表现堪称完美。第三位选手资质平庸，本来演讲中的表现就很一般，而且还打翻了桌子上的咖啡。第四位选手也水平一般，但是他的演讲很顺利，没有打翻桌子上的咖啡。

按照阿伦森的估计，最受欢迎的一定是那位才华横溢并且在演讲中没有打翻咖啡杯、表现堪称完美的选手，然而最终的结果却并不是这样。

实验结果显示，最受人们欢迎的并不是那个才华出众且没有打翻咖啡的人，而是那位才华出众却打翻了咖啡的人；在演讲中表现完美的人只排在第二位。这个实验说明，如果完美的人身上有一些小缺点，会更受人欢迎；也就是说，人会受到缺陷效应的影响。

那么，人到底为什么会受到缺陷效应的影响呢？为什么对明明非常完美的人，人们却不喜欢，反而更愿意和那些有一些小缺点的人进行交往呢？

这主要有三个原因：

第一，在人际交往的过程中，人们都希望别人能够对自己热情一些，"热脸贴冷屁股"这样的事情是没人喜欢的。我们可以确定一点，那就是所有的人都喜欢和完美的、优秀的、有能力的人交往，因为这种交往本身就是对自我价值的一种肯定。这种交往不仅能够提高自己的能力，还会让自己变得更加自信。而且，一般来说，对于总是和有能力的人在一起的人，人们也是会对其刮目相看的。但是，这种完美的、优秀的、有能力的人通常会有自傲的缺点，人们本来就觉得这种人高不可攀，如果再表现出高冷的态度，自然就不会喜欢和他接触。

第二，人们的自尊心也是影响缺陷效应的一个重要的因素。一般来说，过于完美的人，必然会给人造成一种心理上的压力，甚至会让人感到自卑。在这种情况下，人们就更不可能主动去和这样的人进行交往。

第三，害怕别人的嘲笑。人们总是习惯与身边的人进行比较。相信大多数人在小的时候都遇到过这样的事情，父母总是会拿你和其他的孩子进行比较，说你这个不行那个不行，让人感到十分羞愧。因此你担心别人嘲笑自己，自然不想同别人进行比较。

但是，如果对于一个不那么完美的人，情况就会变得完全不同。一个缺点，会瞬间拉近你与他之间的距离，使你的心里不再产生多余的想法——通常，人们都认为一个人如果有了缺点，自然就不会表现得高傲和目空一切，就更容易相处。因此，人们更喜欢不那么完美的人，而不是十全十美的人。

缺陷效应的影响在现实中是普遍存在的。比如，人们认为完美的老师应该是一丝不苟的、严肃的，然而这样的老师却通常都不受学生的欢迎，学生喜欢的往往是那种能够和同学们打成一片的老师。再比如，一些公司的老板为了在员工面前保持自己的威严，总是在员工面前表现得十分完美，然而这样的老板通常得不到员工的喜欢；他们的关系永远都是上下级，而不是朋友。

当然，我们也要懂得，所谓的缺陷效应，并不是说要在和别人交往的时候把自己的所有缺点都表现出来，有些缺点能改正的必须要改正。另外，也并不是所有的人都能够利用缺陷效应的影响来增加自己的亲和力，有些人在暴露自己的缺点之后，可能会让人更加讨厌。也就是说，想要利用缺陷效应，必须要注意几个要素：

第一，利用缺陷效应的影响来增加自己亲和力的人，必须要具备的第一个条件，就是非常优秀，有出众的能力，也就是说，必须是一个在其他人眼中非常优秀的人。这是一个很重要的前提条件。一般来说，只有优秀的人偶尔犯一点小错误或有一点小缺点才会让人接受，如果普通的人出现这种情况，只会更加拉低自己在别人心里面的地位。

第二，利用缺陷效应时，犯的错误或暴露出来的缺点都只能是很小的，这样才能达到易于让人接近的目的；犯那些大的原则性的错误或暴露出很大的缺点，只能损害自己的形象，让别人敬而远之，完全无法增加自己的亲和力。

第三，犯了错误之后，不论是不是故意的，都要主动去承认，不要扭捏掩饰。这样做的话很可能会让人产生好的印象，毕竟这也算是一种优点；否则就会让人觉得小气，缺乏气度和风范。

正所谓"人无完人"，每个人都有缺点，每个人也都有可能犯错误，这些都是正常的。缺陷效应告诉我们，偶尔暴露自己的缺点，犯错误，这些都不是什么大问题，不要总是把心思花费在掩饰缺点和辩解错误上面，我们要做的应该是提高自己的能力，让自己变得更加优秀，这才是一条正确的道路。

为何有的人愿意追捧贵重的商品

有这样一个故事。有一天，一位禅师为了启发自己的弟子，就给了弟子一块又大又美丽的石头，叫弟子去菜市场试着卖掉它。在临走之前，禅师特意叮嘱弟子："不要真卖掉它，只是试着卖掉它。要注意观察，多问一些人，听别人出价就可以了，然后你只要告诉我在菜市场它能卖多少钱。"

弟子带着石头来到了菜市场。在菜市场，大家看见石头异常美丽，都围观了起来。一些人认为它可以作为一个很好的装饰品摆在家里面；也有人认为可以拿给孩子玩，孩子一定会喜欢的；还有人认为可以当成称量蔬菜用的秤砣使用。于是有人就开始出价，打算买下它。但是，他们的出价并不高，最多的也只是出了几个硬币。弟子遵守师父的规定，并没有把石头卖掉。回来之后，弟子对禅师说："在菜市场里面出价最多的人，也只出了几个硬币。"禅师说："现在你带着它再去黄金市场卖，同样是只看看别人的出价，不要卖掉它。"于是弟子又带着石头去了黄金市场。

从黄金市场回来之后，弟子非常高兴，对禅师说："在黄金市场，这块石头的价格要比在菜市场高很多，居然有人愿意出到 1000 块的高价。"禅师又说："现在你再去珠宝市场试试看，别人的出价低于 50 万，你都不能卖掉石头。"

于是弟子又带着石头来到了珠宝市场。在这里，他发现居然有人愿意出 5 万块买这块石头。弟子动心了，但是因为禅师吩咐过，所以即使是 5 万块的高价，弟子也没有把石头卖掉。出价的人看到弟子不愿意卖石头，于是又把价格提高到了 10 万块。但是，弟子仍然表示自己不会在这个价钱上卖掉石头。随后，买石头的人继续向上加价，从 10 万，到 20 万，再到 30 万，然而弟子仍然不为所动。一直等到有人出价到了 50 万，弟子才遵照禅师的吩咐，卖掉了石头。在卖掉了石头之后，弟子依然不敢相信这件事情是真的，他从来都没奢望过能卖到 50 万，这远远地超出了他的心理预期了。

等到弟子从珠宝市场回来之后，就把自己的疑问向禅师说了，他不明白为什么一块同样的石头，在不同的地方却能卖出不同的价格。禅师对他说："如果你的理解能力足够的话，现在就应该明白了，实际上我就是为了告诉你一个道理：**你的价值不是任何人能够决定的，只要你找对平台，你就能实现你的人生价值。**"

在这个禅师告诉自己的弟子关于人生价值的故事中，蕴含着一个重要的心理学效应，那就是"凡勃伦效应"。

凡勃伦效应是美国经济学家凡勃伦提出的一种经济学理论，后来被引入到了心理学当中。它反映的是人们进行挥霍型消费的心理：消费者对于一种商品的需求量不会因为其标价高而降低，反而会增加。也就是说，商品的价格越高，消费者就越有购买愿望，商品就会越畅销。

这样的一个论断，显然并不能让人信服。按照正常的想法，在两种商品品质相同的情况下，人们应该更倾向于价格低的商品，怎么可能会舍弃便宜的商品，而去追求昂贵的呢？况且，人们在商场买东西的时候，很多时候都会为了几块钱而和卖商品的人砍价，又怎么可能不买便宜的商品而去买昂贵的商品呢？难道现实生活中真的会出现这样的情况吗？

这种情况在现实生活中确实是普遍存在的。比如有这样一件事情：在北京的一家玉器商店内，某一天，店老板突然让营业员把两个相同的玉镯子标上两个不同的价格出售，其中一个标价 200 元，另外一个标价 500 元。老板的行为让营业员觉得非常奇怪，因为他觉得在相差 300 元的情况下，顾客一定会买那个 200 元的玉镯子，而那个标价 500 元的肯定卖不出去。对于营业员这样的疑问，老板并没有正面回答，只是要求营业员按照自己说的话去做就可以了。既然老板都这样吩咐了，营业员也没有再说什么，于是按照老板的吩咐，把两个玉镯子分别标上了价格。但是在他的心里面，是不认同老板的这种做法的，甚至他还有一种等着看老板出丑的期待。但是，营业员没想到，随后发生的事情让他大跌眼镜。

在把两个玉镯子的价格分别标好了之后，很快店内就来了一群外地的游客，其中一位女游客拿起那两个手镯，开始比较。营业员也不知说什么好，干脆就站在那里看着。过了一会儿，似乎是比较完了，就听那位女游客说："这个500元的手镯我买了，给我包起来。"这时她的同伴说："这个看起来和那个200元的没有区别，买那个200元的就可以了。"买镯子的女游客看了同伴一眼，自信地说："有区别，质地不一样。"于是便买下了那个标价为500元的玉镯子。

游客走后，营业员觉得老板真是神了，于是就问老板为什么刚才的顾客要买500元的镯子，这不是摆明了在当冤大头吗？老板说："我也不知道这到底是为什么，反正这样的人越多越好。"

再比如，杭州西湖附近曾举行了一场别开生面的拍卖会，拍卖品是二两龙井。当时参加拍卖会的人很多，甚至连一些业界大佬也不能免俗，派人参加竞拍。最后，这二两龙井以14.56万元的天价卖出。

这二两茶叶到底有什么特别？为什么它的价格居然会比黄金和钻石还要高呢？原因就是这二两茶叶是有来头的。西湖龙井山上生长着18棵茶树，是宋朝茶王胡刚亲手植下的，历代帝王指定从这18棵茶树上摘下来的茶为贡茶。后来，乾隆皇帝钦定这18棵茶树所产之茶为"御茶"。拍卖会上的这二两茶就来自这18棵茶树。原来是这样，怪不得能卖出这么高的价钱。但反过来想一想，即便其为御茶，但是终究还是茶叶，与其他龙井茶能有多少分别？喝了还能长生不老吗？可是居然真的有人掏近15万元的天价，真是让人无法理解。

当然，在现实生活中，这样的人不只是这两位，还有很多。那么，这种情况出现的原因到底是什么呢？从心理学的角度来讲，之所以会有人愿意出更大价钱买那些高价的商品，主要是为了满足自己的炫耀心理。

从某种意义上来说，这样的商品其使用价值已经不能算是为了满足人们生活需求了，而变成了一种富贵的象征。有些人之所以会买这种商品，并不完全是为了追求物质上的满足和享受，更重要的是为了获得一种社会心理的满足。在他们的潜意识当中，越是价格昂贵的东西，就越能够显示一个人的富有和地位，也就是越具有可炫耀的属性。因此，为了显示自身的富有和地位，满足自己的面子，这些人自然对价格高的商品趋之若鹜。

当然，并不排除一些人消费昂贵的商品，是单纯地为了追求物质上的享受。随着收入的增加，人们对于物质生活水平的追求自然也会提高，在这种情况下，自然要选择价格更高、质量更好的商品来满足自己对于物质享受的追求。

从商品的实用价值来看，凡勃伦效应对于消费者起到的作用是消极的，因为它让消费者花了更高的价钱，助长了社会竞相攀比、贪图享受的恶劣风气。

但是，站在人的价值的角度来看，凡勃伦效应起到的作用又是积极的，因为它提示了我们，在不被别人认可时不要总是去否定自己，而是要保持自信，相信自己的价值，并且，不论在任何人面前，都要向别人证明你的价值。这样，我们就会有更多更好的机会去创造自己的未来。

高高在上的人很多时候并不快乐

我们经常会看到一些历史题材的电视剧或电影，不知道大家有没有发现这样一个问题，那就是电视剧或电影里的古代的皇帝似乎都不是很快乐。比如：一些皇帝总是觉得待在皇宫里面无聊，想要出去玩，渴望过普通百姓的生活；还有一些皇帝甚至会因各种各样的烦恼而英年早逝。人们都很奇怪，皇帝拥有号令天下的权力，富有四海，怎么可能会感到不快乐呢？其实，这反映了人际交往中一种普遍的现象：那些高高在上的人实际上并不快乐。那么，到底为什么会出现这样的现象呢？

对于这个问题，心理学家进行了研究，最后终于找到了问题的关键：人与人之间的不平等的交往才是导致人们不快乐的根本原因。心理学家认为，在人际交往的过程中，存在着一个重要的原则，叫作"跷跷板互惠原则"。跷跷板大家都知道，也都玩过，如果玩跷跷板的两个人都想要从中得到快乐，就必须要让跷跷板动起来，两边高低交错，坐在两边的人都能够体会到一会儿在高处、一会儿在低处的感觉，这样才都能够找到玩跷跷板的乐趣。如果一边的人总是处在高处，而另一边的人总是处在低处，那又有什么意思呢？玩游戏毕竟是一种互动，缺乏互动的游戏还能称之为游戏吗？

其实，人与人之间的交往和互动，就像是坐跷跷板一样，不能永远都是一边高一边低，而是要高低交错，这样人才能够感到快乐。试想一下，一个永远处在跷跷板顶端的人，虽然处在高处有优势的位置，但毕竟脚下是悬空的，要是不注意的话很可能会掉下去，这就让人的心里充满了担心。再者，本来是两个人的互动游戏，却不再有互动，这就使得游戏本身的乐趣已经消失了，又怎么能够让高位者感觉到快乐呢？在现实生活中，我们也会遇到那种总是高高在上的人，或许可以试着回想一下，在遇到这种人的时候是什么感觉。一般来说，这种高高在上的人，在交往的时候给别人最直接的感觉就是冷漠，就像是他高人一等一样，总是一副目中无人的态度。人们通常是不喜欢和这样的人交朋友的，甚至如果没有特殊原因的话，应该都不愿意和这样的人见第二次面。试想一下，如果你是那种高高在上的人，你会感觉到快乐吗？

高高在上的人最让人讨厌的地方并不是他们的冷漠，也不是他们那高人一等的态度，而是那种"别人为他们做什么事情都是理所当然，而要让他们为别人做什么事情却是难上加难"的态度。我们知道，每个人在付出了自己的努力之后，都是希望能够得到回报的，付出努力之后却什么都得不到的事情是没有人愿意去做的。只有别人对你付出了，并且你也给予其回报，你们双方之间才会建立良好的关系；只有单方面的付出只会让关系失去平衡，进而破坏关系。

那么，如果一个高高在上的人真的碰到了这样的状况，感觉不到快乐之后，应该怎么样去改变呢？我们先看下面这个故事。

每个人都有自己的理想，有自己的雄心壮志，彼得也一样。虽然他只是一个小小的会计师，但是他却有一个很大的目标，他想要成为人上人，想要成为高高在上的大亨，让所有人尊重自己。为了这个目标，彼得非常努力。他告诫自己，不论做什么事情，都要精打细算，不浪费资源，也不浪费任何机会。同时要保持自己的优势，不让别人超过自己。甚至为了达到自己的目标，彼得还使用了一些阴招，用一些不光彩的手段打压自己的竞争对手，从而确保自己的地位。

最后，彼得所用的一切手段都发挥了作用，事情也一直都在朝着他预想的方向发展，他后来成功地实现了自己的梦想，成为一个高高在上的大亨。然而，成为大亨之后的生活，与彼得想象的完全不一样，他本以为做了大亨之后会非常快乐，可是事实却并非如此，他不但没有感觉到快乐，反而觉得自己的生活好像缺了什么一样，因此他整个人变得越来越郁闷，脸上的笑容也越来越少了，甚至连以前那种自信也消失不见了。最终，彼得患上了忧郁症。

为此，彼得去看了心理医生。心理医生在了解了彼得的情况之后，告诉彼得，这个状况很好解决，只要你经常能够帮助身边的人，最后就能够改变这样的情况。

虽然彼得在心里认为心理医生的说法对自己并没有什么帮助，也并不能解决问题，但是为了那一丝希望，彼得还是按照心理医生的说法去做了。然而没想到的是，在彼得按照心理医生的方法去做之后，取得了意想不到的结果。

一段时间之后，彼得再一次来到了心理医生面前，和上次的愁容满面不同，这次的彼得笑容满面。当心理医生向彼得询问近期的状况时，彼得说："我按照你跟我说的方法去做了，发现真的是太神奇了，原来，只要我肯付出时间和精力去帮助别人，为别人服务，就能够感受到快乐。"

那么，彼得为什么会在帮助别人的过程中找到了属于自己的快乐呢？人们经常说这样一句话，"助人为快乐之本"，为什么会有这样的结论呢？

从心理学角度来讲，高高在上的人之所以感受不到快乐，就是因为这样的人大多是内心深处极度自卑的人，也就是说他们的骄傲其实是装出来的，生怕别人瞧不起。他们装出来的骄傲，让自己既孤独又空虚，活不出真实的自己，自然会很痛苦。而当他们在放下架子去帮助别人之后，会发现活出真实的自己会感到特别充实和快乐。另外，当一个高高在上的人去帮助别人之后，一定会在被帮助的人心里留下一个好印象，这种好印象自然伴随着对方态度的转变、双方关系的转变等，这同样会让人感觉到高兴。

再有，根据跷跷板互惠原则，一个人帮助别人之后，别人必然会有一种欠人情的感觉，因此总是会找机会把欠了的人情补上，这实际上属于一种对未来的变相保证，同样是会让人感觉到高兴的。

总之，跷跷板互惠原则告诉我们，人与人之间都是平等的，在交流中更是如此，只有平等交流，双方才都会感觉到快乐。如果在交流的时候，总是觉得自己高人一等，那么这种人是注定不会快乐的，是注定要"孤独一生"的。

如果你不努力成为那20%，你就只能归于普通

在社会学领域以及管理学领域当中，有一个非常重要的定律，叫作"二八定律"。其核心的内容就是无论在什么事物当中，最重要的永远都只是占20%的那一小部分，而占80%的绝大部分都只是配角和龙套。

二八定律是一位意大利的经济学者偶然发现的。1897年，意大利经济学者帕累托在观察19世纪英国人的财富和受益模式的时候偶然间发现，社会上80%的财富被20%的人占据着，而其他80%的人却只拥有20%的财富。从这里我们就可以看出来：一方面20%的人口却占据着80%的财富，而另一方面20%的财富却养活了80%的人口。所以说，在二八定律中，占重要地位的那部分只是一件东西中的20%。

后来，随着研究的深入，人们逐渐发现，二八定律不只是出现在财富的分配当中，在任何领域都有这样的情况。比如在生活中，只有20%的人能够称为天才，另外80%的人都是普通人。再比如在工作中，只有20%的人能够成为老板，支配别人，而其他80%的人只能成为员工，被老板支配。另外

只有 20% 的人具有长远的目光，对未来有清晰的计划，其他80% 的人则只看到眼前，根本就没有想过以后的事情。

当然，二八定律在心理学上也具有重要的意义。在心理学中，二八定律要求人们需要有野心和志向，只有这样才会被别人看得起，才会成为老板眼中的好员工，被老板重视，成为那 20% 的能够升职加薪的人。著名的心理学家沃尔夫冈·柯勒曾经说过："在职场当中，只有两个角色可供人们选择，一个是当主角，一个是跑龙套，而决定一个人到底会成为哪个角色的，正是人们心中的志向。"他认为，"一个人的前途并不是命运决定的，而是这个人的志向决定的。只要一个人对自己的工作有野心、有追求，那么他就能够成为主角，能够升职加薪，而如果一个人在工作中只是得过且过，没有任何的野心和追求，那么他就只能去跑龙套，不会有任何的晋升机会。"

最近，小刘的心里总是感觉到愤愤不平，一方面是因为他在公司的地位严重下降了，以前他还可以自己选择接受什么样的工作或不接受什么样的工作，但是现在却没得选了，因为老板总是会把那些没有人愿意接受的工作安排给他，虽然他很不想做，但是根本就没有拒绝的机会。另一方面则是和他一起进公司的小王和小李不仅可以选择拒绝这样的工作，而且两个人升职的升职，加薪的加薪，和他的待遇简直是天壤之别。

那么，到底是什么情况造成了现在这样的结果呢？其实这主要是想法和工作态度的不同所造成的结果。小王、小李和小刘的出身不同，对于工作的态度也不相同。小王是普通的工人家庭出身，家庭不富裕，因此他从小就知道要努力学习，好改变自己家庭的生活。他是以第一名的成绩进入公司的。到公司之后，他不仅努力工作，还给自己设定了一个目标，那就是尽早做出成绩，晋升到公司的管理层。相反，小李的家庭环境非常优越，他进入公司的时候，并没有经过任何的考试，因为他的父亲和公司的老板是好朋友。但是，他并没有因为优越的家庭条件就在公司混日子，反而也是以进入公司的管理层为目标。因为他觉得，自己在公司中有老板的照顾，只要做出一些成绩，升职是完全没有问题的。因此，他也朝着这个方向而努力地工作着。而小刘则出生在一个小康生活的家庭，从小衣食无忧，没有经历过挫折，甚至连进入公司也是一帆风顺的。这种平淡顺利的生活似乎消磨了他的意志，在进入公司之后，他成为三个人中唯一的没有志向的人，因为他觉得自己现在的状况非常好，根本就没有必要去争什么，努力或不努力完全没有什么区别。

不同的想法，决定了三个人不同的工作态度。小王和小李可以称为工作狂人，每次领导安排任务的时候，他们总是争着抢去做，甚至有时候会因为争抢某些业务而发生争吵。而小刘却从来都不会加入到他们两个人的行列当中，反而都是以一种看热闹的心理去看小王和小李争抢业务，他自己则只是领导要求他做什么，他就去做什么。渐渐地，三个人在公司中的地位发生了变化，因为老板发现小王和小李是公司里面最能抢着做业务的人，因此很重视他们，而小刘则是公司里面最悠闲的人，因此老板就对他产生了不好的印象。

一次，公司中有一项非常困难的业务要分给他们中的某个人。这种困难的业务意味着基本上没有人能做好，要么就是被领导批评，要么就是被客户投诉的那种，因此几乎所有的人都不希望这个业务落在自己的身上。

刚开始的时候，小刘和其他的员工都认为，这次的业务，小王和小李还会进行争抢，然而，当老板问起的时候，小王和小李都说自己的手上有其他重要的业务，无法接这个业务，而其他的人又没有人主动来承担这个业务，因此老板选择了小刘来接这个业务。最后的结果不出意料，小刘并没有处理好这项业务，不仅被客户投诉，还被老板批评。

这件事情之后，小刘在公司的地位严重下降，连续几个月都被安排处理类似这样的业务，最终成了整个公司的笑柄。而小王则因为几个月的努力表现，顺利地晋升到管理层当中。至于小李，距离升职加薪也并不遥远。

其实，每一家公司的老板都非常了解二八定律在职场中所代表的东西，即一家公司最努力的那20%的人会创造出整个公司 80% 的效益，因此为了公司的发展着想，任何老板都只会重视那些给公司带来效益的 20% 的人，像小刘这种人，则被老板们划分到 80% 的那些人的行列中，可有可无。因此，根据二八定律的法则来看，小刘最后的遭遇其实早就注定了的，毕竟他的工作效率是最低的，并且他给公司带来的效益也是最少的。

结合上面的故事，我们就可以总结出二八定律带给人们的启示：**在职场中，出身不重要，不要觉得自己的出身不好就认为一定不能得到升职加薪的机会，重要的是到底有没有一个成为主角、成为那些 20% 的人的志向。**只要拥有这样的野心和志向，那么在职场中升职加薪都不是很遥远的事情；如果没有这样的志向，那么就趁早不要去做升职加薪的美梦了。

第三章

世故

高情商的人都懂得运用心理沟通技巧

寻找相似点，能够吸引对方亲近你

很多时候，两个初次见面并且进行了交谈的人，都会相互交换名片，虽然在大多数情况下都只是出于礼貌，但是名片所起到的作用却并不仅仅是表达礼貌。有些时候，一张普普通通的名片甚至会决定两个人是否能够继续交往。我们都知道，名片是非常小的，包含的个人信息也并不多，但是它所传达的信息却是非常关键的，很多时候能够让人们直观地认识另一个人，而这恰恰就是两个人能不能继续交往的依据。比如，一个人通过名片发现另一个人所从事的职业恰好是自己感兴趣的，或者是与自己的工作密切相关的，这种情况就能够大大增加两个人继续交往的概率。相反，如果一个人从名片中看到对方所从事的职业是自己最讨厌的，那么两个人很可能就不会有进一步的交往。因为一般来说，一个人非常讨厌一种职业，很自然地就会讨厌从事这个职业的人。所以说，名片在社会交往中会起到非常重要的作用。

在心理学中，有一个与名片有关的理论，叫作"名片效应"。当然，心理学中的"名片"并不是我们生活中发给别人的那种小纸片，而是心理名片，指的是人们对于其他的人或事物的态度和价值观等东西。名片效应是指在人际交往的过程中，如果两个人对于人、事、物的价值观相近或相同，就会更容易拉近两个人之间的距离，并且建立良好的人际关系。从这里就可以看出，虽然两种名片并不是相同的，但是所起到的作用却是一样的——都会对人际交往产生重要的影响。

中国有句古话，叫"物以类聚，人以群分"，意思是相同类别的事物常常会聚在一起，而志同道合的人通常也都会相聚成群，实际上这句话隐藏的含意就是相同的事物之间会有特别的吸引力，而相同的人之间也会莫名地相互吸引。这种说法并不是无稽之谈，就像动物一样，肉食类动物和草食类动物是绝对不可能会聚集在一起的，就算是在动物园当中，也是要分开饲养的。其实人类也是一样，我们可以回想一下，在现实生活中，如果你讨厌一个人，你身边的另一个人也和你一样讨厌这个人，那么你们两个人的关系是不是会非常好呢？你的理想是做某件事情，当你发现某个人和你有同样的理想之后，你是不是也更愿意和这个人亲近和交往呢？答案一定是肯定的，因为越是相似的人，两个人之间就越是会感觉到亲切。

心理学研究表明，人际关系的一个基本原则就是相似性。一般来说，如果两个人能够成为朋友，那么他们就一定有某些相似性。例如，在某个大学的一项研究中，参与者如果能够与自己不认识的人交朋友，就可以免费住宿。结果一段时间之后发现，这些参与者的室友往往和他们非常相像，并且是他们最好的朋友。再比如，某位研究者要求十多位男人挤在一个模拟空间内共同生活一段时间，自己则在这段时间中评估这些人彼此之间的感情。结果发现，相处好的都是彼此之间有共同点的人，而那些参与者当中最特别的人则差点被扔出模拟空间，因为这种人和任何人都没有相似的地方。还有一位研究人员分别把政治观点相似和不相似的两对男女安排在一起约会一段时间，结果发现，约会之后政治观点相似的那一对更加喜欢对方，而政治观点不相似的那一对则完全没有表现出喜欢的情绪。

其实这就是心理学中说的名片效应。那么，到底为什么会产生名片效应呢？或者说为什么相似的价值观能够拉近两个人之间的距离呢？

一方面，人们对于那些和自己有相似的价值观的人会更容易产生好感，这是人类重要的心理特征之一。相似的价值观会让人们彼此在心理上产生一种满足感，而且也更具有吸引力。当一个人发现另一个人和自己有一样的看法或理想的时候，这种观点就会变得更加根深蒂固。

另一方面，心理学研究表明，相似的价值观是在短时间内消除人们心理防线的最佳武器，心理防线越弱，两个人的距离自然就越近。对于人们来说，名片效应的作用是十分巨大的。恰当地使用"心理名片"，可以尽快促成良好人际关系的建立，掌握"心理名片"的应用艺术，对于人际交往以及处理人际关系具有很大的实用价值。比如名片效应能够消除别人的防范心理，缓解别人的矛盾心情，有助于减少人际间信息传播渠道上的障碍，在信息的传播者和接收者之间形成一个良好的沟通环境。另外，不论是对事业还是对爱情，正确运用名片效应，都会起到巨大的推动和促进作用。

日本松下电器公司的前总裁松下幸之助事业上的起步，就与名片效应的影响有着密切的关系。松下幸之助出身贫寒，为了生活，他在年轻的时候就不得不出去工作赚钱，为此，他去了一家电器厂谋职。我们都知道，在找工作的时候，个人形象还是比较重要的，就算是去当工人，最起码也要有一个比较强壮的身体。但是当时的松下幸之助却并不具备这样的条件，他衣着肮脏，身材瘦小，因此当时那家工厂的人事主管对他并不满意，所以就随口说道："我们这里目前并不缺少人手，你还是一个月以后再来看看吧。"

其实这句话就是一种托辞，那个人事主管觉得松下幸之助应该会明白是什么意思的。但是没想到一个月之后松下幸之助又来了，人事主管就继续推托。可是在反复几次之后，松下幸之助依然还会再来，所以人事主管就对他说："你现在这样脏兮兮的是根本没办法进我们的工厂上班的。"本以为这样说松下幸之助就会放弃了，谁想到他回去借钱买了一身整齐干净的衣服之后又来了。这次人事主管说："我们的工人都需要懂得一些电器方面的知识，你知道得太少了，因此我们不能要你。"没想到在两个月之后，松下幸之助再一次出现在了这位人事主管的面前，他说："我在这两个月当中已经学习了很多有关电器方面的知识，你看如果我哪方面还有不足，我会继续去学习的。"

这位人事主管看到松下幸之助的态度这样诚恳，就对他说："我在这个工厂工作了这么多年，还是第一次看到像你这样来找工作的。对于你的耐心和执着，我是非常佩服的。你就留下来工作吧。"于是，松下幸之助找到了他的第一份工作，开始了他的事业。

在故事中我们可以看到，松下幸之助为了能够找到工作，一直都在不断地按着人事主管的说法调整自己的行为，其实这就是对名片效应的一种运用。可以说，就是名片效应帮助松下幸之助顺利找到了工作。

对于爱情，名片效应同样有着重要的作用。一般来说，一对幸福的伴侣，往往会在很多方面都非常相似。两个异性拥有相似的人生观和价值观，往往会成为点燃恋爱这团火焰的小火苗。如果两个人拥有共同的理想，那么他们就能够为了共同的理想去奋斗，生活在一起的话自然就会非常幸福。

可以看出，名片效应对于人们的作用都是非常积极的，这就是说，**我们可以通过制造自己与别人相似的人生观和价值观，来拉近自己与别人的距离，进而达到自己的目的。**

当然，这需要我们了解其中的原理。想要运用名片效应达到自己的目的，就需要想办法让对方接受自己的观点和态度，使对方把自己视为一体。具体的操作方式是，先向对方传播一些他们能接受的和熟悉并喜欢的观点或思想，然后再悄悄地将自己的观点和思想渗透进去，使对方产生一种印象，似乎我们的思想观点与对方认可的思想观点是相近的。表明自己与对方的人生观和价值观相同，就会使对方感觉到你与他有更多的相似性，从而很快地缩小与你的心理距离，同你建立紧密的联系。

名片效应并不是随便应用的，这其中有一些事项要注意。第一，要善于捕捉信息，只有这样才能够了解到对方的态度和价值观，才能顺利制作自己的心理名片。第二，一定要在最恰当的时机向对方展示自己的心理名片，这样才会有效果。

温和的方式更容易达成目的

对于学生来说，通常都喜欢那种经常鼓励学生、把学生当成朋友的老师，而不喜欢那种高高在上、经常批评自己的老师。对于一名员工来说，通常喜欢那种经常鼓励员工的老板，而不喜欢那种总是批评自己的老板。其实，对所有人来说，都喜欢听好话，而不喜欢听坏话，这是人的本性。那么，为什么会出现这样的情况呢？

从心理学上来讲，出现这种情况的主要原因，是"南风效应"的影响。南风效应其实就是指在现实生活中，对待别人，使用温和的方式更容易达成自己的目的，而严酷的方式则可能会起到相反的效果。

南风效应是根据法国作家拉·封丹的一则寓言总结出来的。

北风和南风打赌比谁的威力更强大，它们决定看谁能够让走在路上的行人把大衣脱掉。北风先来，它使出最大的力气吹起风来，但是因为北风寒冷刺骨，因此行人不但没有把大衣脱下来，反而越裹越紧了。南风则没有像北风那样用那么大的力气，而是徐徐吹动风，非常温柔，顿时使得天气变得风和日丽，温度升高，于是行人自然而然地脱下了自己的大衣。最终的结果是南风战胜了北风。

南风效应带给了人们一个重要的启示：**在处理人际关系的时候，必须要讲究方法，无论面对什么事情，都不要心急，最好是能够用平和的心态去面对，严酷的方法很可能会带来自己不想看到的结果，就像北风和南风都想让行人脱下大衣，结果使用的方法不同，得到的结果也大相径庭。**

在现实生活中，合理地运用南风法则，有时候会起到非常大的作用。比如日本的松下公司，就是因为在管理上符合南风法则，使得整个公司在面对几次非常大的危机时都能够顺利渡过危机。

松下公司是一个非常注重职工利益的公司，不仅能够做到尊重职工，还能够与职工同甘共苦，这让职工对于公司的归属感非常强烈。19 世纪 30 年代，世界经济不景气，日本的经济更是低迷，大多数公司都选择裁员以及降低职工的工资的方式来渡过危机。当时，松下公司同样受到了严重的影响，销售额锐减，商品积压，导致公司的资金周转出现了严重的问题。但是，面对如此严重的危机，松下公司并没有与其他公司一样裁员和减工资，反而决定工人一个不减，生产实行半日制，工资按全天支付。同时，还要求公司所有员工在闲暇的时间去推销库存的商品。因为没有人失业，所以这个决定得到了所有员工的拥护，在大家共同的努力下，在很短的时间内就把积压的商品销售一空，使公司顺利地渡过了难关。

"二战"结束之后，由于日本战败，占领军出台了惩罚为战争出过力的日本财阀的政令，松下公司也被列入了受惩罚的名单当中。然而，在这样的情况下，出现了一个意想不到的局面：松下电器公司的工会以及代理店联合组织起来，掀起了解除对松下惩罚的请愿活动，参加人数多达几万。在当时的日本，许多被指定为财阀的企业基本上都是被工会接管和占领了，但工会维护企业的事还是头一遭。面对浩大的游行队伍，占领军当局不得不重新考虑对松下的处罚。到第二年5月，占领军解除了对松下的惩罚。正是因为松下公司始终贯彻"以人为本，尊重职工，爱护职工"的企业经营理念，才保证了自己的绝处逢生。

南风法则告诉了我们，生活中无论处理任何事情，想要达到自己的目的，最好使用温和的方式。

拒绝了大要求的人，往往会接受小要求

有这样一个例子。

甲和乙是十分要好的朋友，甲因为手里资金紧张，便向乙借钱，第一次说借一万，乙表示自己手里没有那么多余钱，便拒绝了，这让甲很尴尬，满脸失望。但是甲并没有罢休，而是继续向乙提出借三千，乙因为刚刚拒绝了甲的借款请求，多少有些愧疚心理，现在金额少了很多，所以为了维护和甲的朋友关系，便答应了甲的借款请求。

这个例子说明了一个道理，那就是当人们拒绝了大的、难以接受的要求之后，是不会再拒绝那些小要求的，即使那些小的要求并不合理，并不能让人感觉到满意。在心理学中，这种情况被称为"留面子效应"。也就是说，如果人们想要让别人答应自己的某个要求，就可以在提出这个要求之前先提出一个非常大的要求，等到对方拒绝之后，再提出自己真正的要求，这样真正的要求就很可能会得到满足。

心理学家查尔迪尼等人曾经做过一项实验，证明了留面子效应的正确性。实验的受试者是两组大学生。实验者对两组受试者分别提出了自己的要求。对于第一组受试者，实验者要求他们带领少管所的少年去动物园玩两个小时，但是大部分受试者都拒绝了这样的要求。对第二组受试者，实验者提出要他们花费两年的时间担任一个少年管教所的义务辅导员，这是一件很困难的工作，费时费力，因此所有的受试者都拒绝了，随后实验者又重新提出了一个要求，那就是要他们带领少管所的少年去动物园玩两个小时，出人意料的是，第二组的受试者全都答应了这个要求，因为在他们看来，相比第一个要求，这个要求实在是太简单了。

从实验来看，对于两组受试者，实验者实际上提出了同样的要求，但是答应的人数却有很大的差别，其原因就是第二组的受试者是在拒绝了一个非常大的要求之后才收到真正的相对较小的要求。这就充分证明了留面子效应确实是存在的。

通过对留面子效应的了解，我们可以发现，生活中很多看似无法理解的事情都能够得到合理的解释。比如在卖服装的时候，如果标一个真实的价格，不讲价，那么这件服装就很难卖出去，如果标一个很高的价格，但是却允许顾客讲价，这件服装就很容易卖出去；而且，这种情况下卖出的价格还有可能会比真实的价格还要高。就像在上学的时候，如果老师只留了一篇课文并要求背诵，那么有一些同学是不会去背的；如果老师留了很多篇课文，但是只要求背诵其中一篇，这时候去背诵的学生会大大增加。

在生活中，大多数人会受到留面子效应的影响。那么留面子效应产生的原因到底是什么呢？心理学家认为，产生这种现象的主要原因是人们对于自身形象的重视。一般来说，当人们拒绝了别人的要求的时候，都会觉得自己没有帮助到别人，可能会让自己在别人心目中留下不好的印象，这是所有人都不希望看到的情况；同时，人们的内疚心理会让自己失去心理平衡。在这种情况下，为了维护自己的心理平衡，降低内疚感，同时也为了恢复自己在其他人面前的良好形象，自然就会接受对方的一些小要求。

另外，人们对于自我价值的认识，同样是留面子效应产生的一个重要原因。大多数人都认为，人际交往是个体实现自我价值的重要途径。然而，人际交往是相互的，如果给别人造成了不愉快，那么别人也很可能会给自己带来不愉快。因此在人际交往中，个体会下意识地倾向于选择对交往双方都带来最大满足的行为。所以，当人们出于某种原因拒绝了其他人的大的要求之后，一定会对对方提出的小要求做出最大程度的满足。

从本质上来说，留面子效应实际上就是对比现象的实际应用。一般来说，如果一个人需要从两件事情中挑选一件去做，那么这个人一定会先把两件事情进行对比，随后挑选相对简单的那一件事情去做。而相对于大的要求，小的要求实际上就是那件相对简单的事情，因此人们轻易不会拒绝。

留面子效应原理在日常生活中的应用是非常广泛的，它涉及诸多方面。因此，我们一定要了解它，并且学会在最恰当的时刻应用它。总之，一旦你想要别人答应你的要求，却又害怕对方不答应的时候，就可以先向对方提出一个大的要求，等到对方拒绝之后再提出你真正的要求。比如，有些孩子想让父母给买一部手机，但是又害怕父母不答应，这个时候就可以先要求父母买一台电脑，等到被拒绝之后再说出想要买手机的要求，这样就很可能会拥有心仪的手机了。

当然，并不是在所有的情况下运用留面子效应原理都能够达成自己的需求。留面子效应发生作用的程度主要在于双方的亲密程度以及需求的合理程度。如果双方素昧平生，你却向对方提要求，那么无论什么要求都是不会被对方答应的；就算对方了解你，但是其并无义务，也没有责任帮助你，对方也仍然可能不会满足你的任何要求。另外，如果你提出的要求严重损害了别人的利益，即使你运用留面子效应原理，对方仍然是不可能答应你的要求的。

在现实生活中，任何事情都具有两面性，留面子效应也同样如此，人们能够通过它来满足自己一些正常的需求，也可以利用它来满足自己的一己之私。因此，要切记，己所不欲，勿施于人，不要利用别人的善意去满足自己的不合理的需求，也要防备别人利用你追求心理平衡的想法去满足自己的私欲。

答应了小要求之后，更容易接受大要求

　　在现实生活中，我们总是会接收到别人提出的各种各样的要求，而我们自己也可能会向别人提出各种各样的要求。这些要求有的大、有的小，有的简单、有的困难。通常来说，对于别人提出的要求，如果是小的、简单的，我们很有可能愿意去完成，毕竟这也算是帮助别人。而对于那些大的、困难的要求，我们通常是不愿意去完成的，因为这样的要求注定是要花费更大的成本。但是从另一个角度来看，我们最希望的就是别人能够满足自己的那些大的、困难的要求，因为这能说明双方的关系够深厚。这就出现了一个矛盾，那就是：我们希望别人答应的那种大的、困难的请求，恰恰是别人不愿意答应的。那么，到底应该怎样解决这个矛盾呢？或者说是怎样才能让别人答应自己的大的、困难的要求呢？

　　对于这种现象，心理学家也进行了研究，他们也发现了同样的问题。为了解决这样的问题，美国心理学家里德曼和费雷泽提出了一个理论，叫作"登门槛效应"，指的是如果一个人想让别人答应自己的大的要求，可以先提出一些小要求，因

为这些小要求是微不足道的，对方很轻易就会答应；之后对方为了避免认知上的不协调，以及想维持首尾一致的形象，就可能接受你更大的要求。心理学家认为，这种方法实际上就像人们从一个台阶的底部走到台阶的顶部一样，不可能直接跳上去，而是需要一个台阶一个台阶地走上去。

为了验证登门槛效应，里德曼和费雷泽在1966年做了两个实验。

在第一个实验中，一组实验人员伪装成推销人员，向某个小区的一些家庭主妇提出一个小要求：希望可以把一张小小的照片悬挂在窗户的外面。由于这个要求非常小，同时也不会对生活产生什么不好的影响，所以大多数的家庭主妇都答应了。

一段时间之后，伪装成推销员的实验者再一次找到了这些家庭主妇，这一次他们又提出了一个要求：希望把一块又大又丑的招牌放在她们的院子里。这个要求实际上是非常无礼的，因为这个招牌如果放到院子中，会严重影响院子的美观，然而，还是有一多半的家庭主妇答应了这个要求。

与此同时，实验者又派出了另一组实验人员去和其他的一些家庭主妇谈在院子中放置大招牌的问题。这组实验者没有先提出放照片的要求，而是直接提出了放大招牌的要求，结果最终同意在院子中放置招牌的家庭主妇还不到20%。

在第二个实验当中，实验人员的目的还是让居民答应在他们的院子中立招牌的要求，招牌的内容很好，写的是"小心驾驶"，但是招牌的外形却非常不美观，又大又丑。实验同样分为两组进行。

第一组实验人员在到达居民家中之后，直接提出了自己的要求。不出意外，大部分居民都不同意把这个丑到一定"境界"的招牌放到自己的院子里，即使上面写的内容很有意义。最终大约只有17%的居民同意了把招牌放在院子中的要求。

第二组实验人员在到达居民的家中后，并没有直接提出自己的要求，而是先请居民在他们事先准备的关于安全驾驶的请愿书上签字。这是一个很简单的要求，它符合大众的道德标准，所以大多数居民都选择了签字。随后，实验人员说出了自己真正的要求，并且美其名曰是为了配合请愿行动所以才要放置这个招牌。最终有一多半的居民都同意了实验人员的要求。

这两个实验是非常相似的。在第一个实验中，第二组家庭主妇对放置招牌的同意率之所以远远低于第一组家庭主妇，就是因为实验人员在要求放置招牌之前并没有提出一个相对小的要求，导致那些家庭主妇认为答应这个要求很困难，所以拒绝。第二个实验也是同样的道理，第二组居民之所以更愿意在自己家的院子里放置招牌，就是因为他们事先已经在请愿书上签了字，如果不同意放招牌就会给别人留下一个自己首尾不一的印象。这就充分证明了登门槛效应：人们在答应了其他人的一些无法拒绝的小要求之后，为了保持自己首尾一致的形象，确实更倾向于答应那些大的要求。

其实，在我国古代，就有人曾经谈到过这个问题。明代洪应明曾经在他的《菜根谭》中说过："攻人之恶毋太严，要思其堪受；教人以善毋过高，当使其可从。"这句话的意思是，责备别人的过错不要太过严厉，要考虑到对方是否能接受；教诲别人从善时不要期望过高，要顾及对方是否能做到。也就是说，无论做什么事情，在最开始的时候都不能够要求过高，一定要考虑自己所要求的事情别人是否会答应，能不能做到。一旦要求过高，别人做不到，那这个要求就是完全没有意义的。

登门槛效应在现实中的应用是非常广泛的。比如一个人在进入一家新的公司之后，在开始的时候老板是不会给他提出太大要求的，这里一方面是因为员工对公司不熟悉，还有一方面就是害怕员工无法完成老板的要求，打击员工的信心，进而对整个公司的员工的信心都产生影响。一般来说，只有新员工的能力足够之后，老板才会给新员工提出更大的要求。一些企业在制订自己的产值增长的目标时，都是制订每年很小的涨幅，在几年之内达到自己的目标，而没有说要一下子就涨幅多少直接达到自己的目标的，那样会给企业内部人员造成很大的压力，很可能会造成一些得不偿失的后果。

有这样一个故事。据说有一个小和尚想要跟他的师父学习武艺，但是他的师父却什么都不教他，只是让他每天到固定的地方去放牧一群小猪。从和尚所在的寺庙到那个放猪的地方并不容易，因为要经过一条小河，而这对于那些小猪来说是很困难的。所以，每天早上去放猪的时候，小和尚都要把小猪一头一头地抱过河，在晚上回来的时候还要一头一头地抱回来。刚开始的时候，小和尚也很不开心，毕竟他是来学习武艺的，而不是来放猪的。但是，时间长了之后，他却不这样想了，因为小和尚发现自己在不知不觉中练成了卓越的臂力和轻功。这个是他后来才明白的，原来，他的师父巧妙利用了"登门槛效应"来帮助他练成了武艺，因为随着时间的推移，小猪是每天都在长大的，正是因为如此，小和尚的臂力和轻功才在不断加强。

登门槛效应反映出人们在学习、生活、工作中普遍具有避重就轻、避难趋易的心理倾向。正确认识这种倾向，对人们利用好登门槛效应有很大的帮助。

登门槛效应告诉了我们一个很重要的道理，那就是在人际交往的过程中，当我们想要向某个人提出一个较大的要求时可以先向对方提出一些与这个大要求有密切关系的小要求，这样一步一步向大要求靠近，最后一定能够实现大要求。

及时反馈，能提高对方的积极性

有人曾经说过："对待一个人最残忍的方式并不是恨他，而是用冷漠的态度面对他。"现如今，整个社会都在强调一个地球村的观念，随着科学技术越来越发达，整个世界联系得越来越紧密，这就使得人与人之间的交往越来越频繁，也越来越重要。在人与人的交往过程中，互动和交流是必不可少的，如果在两个人交往的时候，一方非常热情，另一方却非常冷漠，这样就会使交往难以进行下去。另外，我们都知道，冷漠一般是对陌生人的态度，如果一个人对待所有人都非常冷漠，像对陌生人一样，又怎么会有朋友呢。正所谓"多个朋友多条路"，没有朋友注定是寸步难行的。除此之外，冷漠还会严重影响人们行为的积极性。对于一个人来说，积极性是非常重要的一种品质，人们不论做什么事情，都离不开积极性，否则就会失去做事情的动力。所以，我们一定要远离冷漠。

那么，应该怎样才能做到这一点呢？研究表明，解决这个问题的最好办法就是在交往的过程中注意反馈。反馈原来是物理学中的一个概念，是指把放大器的输出电路中的一部分能量送回输入电路中，以增强或减弱输入信号的效应。后来，心理学中借用了这个观点，认为反馈是人与人之间进行情感交流的一个重要环节，它能够起到调节人们情绪的作用，特别是积极的反馈，更有利于提高人们做事情的积极性。为什么反馈能够起到这样的作用呢？心理学认为，这主要是因为受到了"反馈效应"的影响。

在心理学中，**反馈效应是指如果学习者能够及时地了解到自己的学习成绩，就一定会对接下来的学习行为起到一定的强化作用，并且能够促进学习者努力提高自己的学习成绩。**同理，这个效应在其他方面也同样有效。比如一个在台上讲话的人，如果他在讲话的过程中，下面的听众能够及时反馈，提出自己的问题、鼓掌等，那么他就会有讲下去的动力，如果下边的人都在睡觉，他又怎么会有兴趣继续呢？领导给下属安排了一件重要的事情之后，却一直都得不到下属的汇报，不知道事情的进展，弄得每天都牵挂着这件事，这样又怎么能够做好其他的事情呢？总之，反馈效应对人的影响是非常深的。

为了证明这一点，心理学家曾经做过一些实验。

著名的心理学家赫洛克就曾经做过一个关于积极的反馈对成绩的影响的实验。在实验中，赫洛克把所有的受试者分为四个组，每个组的人数相等。实验的内容是要求四个组的受试者分别去完成一样任务，完成之后获得反馈；随后再去完成下一项任务，并查看其他组完成任务的速度。四个组的任务是相同的，但是在完成任务之后得到的反馈却是不同的：第一组在完成任务后会得到鼓励和表扬；第二组在完成任务后会受到严厉的批评和训斥；第三组在完成任务后不给予反馈，并且让他们听到实验者对于前两组的表扬，就好像他们是一个完全被忽视的组别；第四组为控制组，他们与前三组隔离，且每次工作后也不给予任何评价。

最后的实验结果表明，成绩最好的是第一组和第二组，其次是第三组，最差的是第四组。其中第一组的成绩在不断上升，第二组则有一定的波动。这说明，对别人做的事情及时给予反馈，能够强化对方做事情的动机，对做事情会起到一定的促进作用。当然，通过实验来看，积极的反馈明显要比消极的反馈取得的效果要好。而有反馈则总是比不反馈的效果要好。

心理学家布克和诺凡尔同样也做过关于反馈对学习成绩影响的实验。他们的实验选择的受试者是一群大学生，实验的内容是要求受试者在规定时间内又快又好地完成一些练习。练习一共进行75次，每次30秒。

受试者被分为两组。在前50次的练习当中，第一组会在每次练习之后得知自己的成绩，错误的地方会有人进行详细解答并且加以鼓励。而第二组则像是被忽略了一样，完全得不到任何反馈。而在后25次的练习当中，对待两个组的方式会被调换，也就是第一组不再得到任何反馈，而第二组会得到详细的反馈。

最后的实验结果表明，在前50次的练习中，第一组的成绩要明显好于第二组。而在后25次的练习中，则是第二组的成绩好于第一组。这就说明，及时的反馈能够有效地提高学习成绩。也就是说，及时的反馈能够有效地提高人们的积极性。

其实，在现实生活中，反馈效应的应用是非常广泛的。比如在学校中，每次考试之后，老师会及时对考试的卷子进行讲解，这就属于一种及时的反馈。在医院，医生每天都会进行查房，检查病人的病情，这也是一种反馈；如果发现病人的状况好转并告诉病人，这就属于一种积极的反馈，能够使病人的心情变好，更有利于病情的恢复。

有着"经营之神"之称的日本松下电器创始人松下幸之助就非常注重反馈。有一次他在一家餐厅招待客人的时候，每个人都点了一份牛排。等到所有人吃完之后，松下的助理却发现松下点的牛排只吃了一半。就在不知道原因的时候，松下幸之助说话了，他要求餐厅的人员把做牛排的主厨请过来。松下幸之助的助理还以为松下幸之助是觉得牛排不好吃要发火呢，谁知道主厨来了之后发生的事情和他想象的一点都不一样。

主厨来的时候也很紧张，因为他也知道松下幸之助是大名鼎鼎的人物，如果真的是牛排不好吃，自己的工作也就难保了，于是就主动问道："是不是牛排有什么问题？"

松下幸之助看到主厨的样子，知道对方是误会自己了，于是略带歉疚地说："你是一个非常出色的厨师，你做的牛排很好吃，我也很喜欢吃，但是我现在却只能吃一半，这是因为我已经80多岁了，胃口早已经不能和年轻的时候相比了。"

听了松下幸之助的话之后，包括主厨和助理在内的周围的人全都愣住了，因为他们不明白松下幸之助说这些到底是什么原因，也不明白松下幸之助为什么要解释这些。就听松下幸之助继续说道："我之所以会和你说这些，主要是担心当你看到这个只吃了一半的牛排被送回厨房的时候，心里会感到难过。"

我们可以想一下，如果松下幸之助不及时对情况进行反馈，说出自己的想法以及真正原因的话，他所担心的情况是很有可能发生的，如果出现那样的事情，对主厨也是一种伤害。而正是因为松下幸之助的及时反馈，才避免了这种可能产生的伤害。

所以说，反馈效应对人们的影响是非常大的。在日常生活中，我们一定要正确地认识到反馈效应的作用，并且要善于利用反馈效应达成自己的目的。

第四章

破防

人是一种感性动物

你很难摆脱"第一印象"的控制

我们在电视剧中经常会看到这样的情节：一个条件很好的男人追求一个女人，但是女人对男人很了解，知道他根本就不是好人，所以就拒绝了；但是当女人的父母偶然间得知了那个男人在追求自己的女儿，见到这个男人之后，父母对男人的第一印象非常好，于是非要自己的女儿答应男人的追求，因为他们觉得男人很不错，是个好人，不管女儿怎么解释说男人是坏人，她的父母也不相信她。为了一个外人，父母居然连自己女儿的话都不相信。这种情况，在现实生活中是否存在呢？这里面是否有什么深层次的原因呢？

心理学研究表明，人们对于他人的印象，或者是对于他人的认知，往往在第一次见面的时候就已经形成了，并且基本上都是在第一次见面开始的几分钟就已经确定了。这就是人们经常说的"第一印象"。第一印象之所以非常重要，是因为它会长时间地停留在人的大脑当中，并且对一个人以后的行为活动和判断产生影响，这就是"第一印象效应"。

曾经有一位心理学家做过一个实验：找四个人在路边搭

顺风车，测试哪个人搭顺风车的成功概率最高。这四个人分别是：一位打扮时髦、年轻漂亮的女人，一位手里拿着菜篮子、神色疲惫的中年妇女，一个发型怪异、衣着怪异、表情也怪异的男青年，以及一位戴着眼镜、手里拿着文件、一副学者模样的青年男人。测试的结果是年轻漂亮的女人搭上顺风车的概率最高，其次是那位戴眼镜的学者，至于那位拿着菜篮子的妇女则略差一些，而那位怪异的男青年搭上顺风车的概率是最低的。

这个实验结果表明，外貌越是吸引人、越是能够让人接受的人，搭上顺风车的概率越大。可见，第一印象对人的影响是非常大的。可以想象一下，当一个司机开着车在路上行驶，发现路边有人想搭顺风车的时候，第一眼看到的一定是这个人的外在形象，从而在心里快速判断这个人到底是不是好人，这就是所谓的第一印象，它决定了司机会不会把车停下来。从中可以看出，第一印象效应对于人们后面所得到的信息以及可能做出的行为，有着强烈的暗示和指引作用。

能够形成第一印象的，不仅仅是一个人的相貌，还包括性别、年龄、衣着、姿势和面部表情等。另外，有时候一个人做的事情也会影响别人对他的判断，比如我们常说的"新官上任三把火"。一个官员到一个新的地方上任，总是会急于出台一些政策或做出一些成绩，就是为了让当地的人对他有一个良好的第一印象。

不要小看第一印象的重要性和作用。在生活中，大多数人都知道一个道理，"路遥知马力，日久见人心"，就是说一个人到底怎么样，必须进行长时间的接触之后才能下结论。然而，就算是人们都知道这个道理，也免不了会根据第一印象来判断一个人。比如，三国时期的孙权，说是要广纳人才，却因为以貌取人，把庞统这样的大才拒之门外。庞统绰号凤雏，是与诸葛亮齐名的大才，本来他想投奔东吴的，但是孙权在见到庞统之后却觉得他面貌丑陋、态度傲慢，心里很不高兴，认为这样的人不可能是大才，最终没有给予重用，这才促使庞统去投奔了刘备。我们都知道，庞统在刘备手下得到了重用，才能得到了发挥，并且在刘备入蜀的过程中发挥出了重大的作用；却很少有人知道，庞统在最开始也是不受刘备待见的，如果不是因为真的很有才干，或许一代大才就这样被埋没了。究其原因，就是庞统那丑陋的长相不能给别人留下良好的第一印象。

到了现代，人们的大多数行为依然会受到第一印象的影响。比如有两家饭店，一家看起来优雅舒适，另一家看起来则有一些破旧，如果让人选择，一定会选择去那家优雅舒适的饭店就餐，这是因为人们会在心里觉得这家饭店的东西可能会更干净、更好吃。

可能有很多人都不明白，为什么做销售工作的人必须要在面对客户的时候微笑呢？要知道，最终决定顾客到底买不买一件商品的应该是商品的质量，而不是销售人员的笑容。这是一种错误的想法。顾客在购买商品时，最先看到的就是销售人员，而并不是真正的商品。因为第一印象效应的存在，如果销售人员不能给顾客留下一个好的印象，那顾客产生的第一个想法绝对是离开，而不是进去挑选商品。

对于个人来说，第一印象效应同样也在发挥着作用。无论是建立人际关系，还是拥有美满的爱情，都离不开良好的第一印象。很多人都不明白，为什么自己明明一点都不差，却并没有人愿意和自己成为好朋友，也没有异性愿意和自己交往呢？其实，这很可能就是因为你没有给别人留下过好的第一印象。第一印象在很大程度上决定了两个人能否交往下去。可以想一下，要是你对一个第一次见面的人产生了很不好的印象，如果没有十分特殊的原因，你会继续和这个人联系吗？会继续和这个人交往吗？大多数人是不会选择继续的。这就是第一印象的影响。

正所谓"良好的开端是成功的一半"，这句话充分说明了第一印象效应对人的重要影响。既然第一印象如此重要，人们又应该怎样给别人留下良好的第一印象呢？

第一，要稳重。一个人的气质和内在修养大多都表现在外在的行为举止上，人们也大都会通过行为举止来判断一个人。一个稳重的人，自然会得到别人的尊重和信赖，而那种举止轻浮的人，每个人都从心里面讨厌。

第二，重视谈吐。对别人说话总是带着敬语和谦辞，非常有礼貌，也不缺乏热情，自然就会给别人留下很好的印象。如果一说话就骂骂咧咧，颐指气使，这是不会给别人留下好印象的。就比如你走在路上，突然间被别人撞了一下，对方不但不向你道歉，反而上来就对你一顿指责，你会对这样的人产生好印象吗？

第三，重视仪表。一个大方得体的仪表总是会让人觉得赏心悦目，自然就会给别人留下好印象。而邋遢肮脏的外表则会让人觉得不舒服，自然也就不会给人留下好的印象。职场上，求职者在面试的时候会穿上正装，就是为了表现出大方得体的样子，以便给招聘者留下一个好的印象，增加自己求职成功的机会。

第四，无论面对任何人都要学会微笑。卡耐基曾经说过："做人一定要学会微笑。"微笑的表情，可以展示出一种奋发向上、阳光健康的精神面貌，而这种精神面貌通常都会给人留下良好的第一印象。在心理学层面，微笑通常被定义为一种亲近和接纳的标志，也就是说，如果你对别人微笑，对方就会知道你是一个愿意交朋友的人，如果你用一种非常严肃的表情面对别人，对方就会觉得你不愿意和他成为朋友，也就无法对你产生好感。

第五，要学会帮助别人，也要经常帮助别人。帮助别人的方式有很多种，比如认同别人的观点、分担别人的痛苦、在物质上援助、在精神上支持等。从心理学上讲，人们总是会对帮助过自己的人有非常好的印象。因此，经常帮助别人，能够给大部分人留下非常好的印象。

"以貌取人"是改不掉的

光环效应又被称为"晕轮效应"，是指在人际交往当中，一个人身体上的某一方面的特征，完全掩盖了其他方面的特征，从而造成了人际认知障碍。比如，人们看一个人非常可爱，就认为这个人的所有地方都是可爱的；看一个人不顺眼，就认为这个人一定不会有出息。本质上，光环效应可以理解为"一俊遮百丑"，是一种以偏概全的主观心理臆测。

美国的心理学家凯利，曾经以麻省理工学院的两个班的学生为受试者做过一次实验。在某次上课之前，他分别向两个班的学生宣布会请一名研究生来代课，并分别在两个班中对这个研究生的特点做了一些简单的介绍。在介绍的时候，凯利花费了一点小心思，他在两个班中对同一个人的介绍是不同的。在向第一个班介绍的时候，凯利说这位研究生"热情、勤奋、务实、果断"，在向第二个班介绍的时候则换成了"冷漠、勤奋、务实、果断"，当然，两个班的学生对介绍内容不同并不知情。在下课之后，凯利去观察，发现第一个班的学生能够和代课的研究生一见如故，亲密地交流，而第二个班的学生却有意识地回避着代课的研究生，态度非常冷淡。由此可以看出，就是这一评价的差距，为这个代课的研究生披上了不同的光环，从而造成了两个班的学生对代课研究生不同的态度。

这个实验不但证明了光环效应的存在，同时它还表明，在人际交往中，依托光环效应所产生的判断很可能是错误的。

光环效应还告诉了我们一个非常深刻的道理：**很多东西虽然看起来是非常美好的，但是它的本质却并不一定是这样的。**比如一些饭店的厨师会把菜的样子做得非常好看，而有一些厨师则不重视这些东西。通常人们也会认为样子好的菜就一定很好吃，然而实际情况却并不是这样，很多时候那些看起来很美观的菜却并不好吃。这就告诉人们，在现实生活中，特别是在进行人际交往的时候，一定要注意，不能受到光环效应的影响，必须要用平和审慎的态度去和别人接触，这样才能真正地认识别人，交到真正的朋友。

其实，这些道理有很多人在心里面都非常明白，然而在与别人交往的过程中，仍然会免不了受到光环效应的影响，这又是什么原因造成的呢？

从心理学上讲，人们的知觉具有整体性的特征。即人们在对客观事物进行感知时，并不是片面地对感知对象的个别属性或个别部分进行感知，而总是把具有不同属性、不同部分的对象作为一个整体进行感知，毕竟人们感知的对象本身就是由不同属性和不同的部分组成的一个复合的整体。另外，在人们的脑海中，对于很多事物都有着固有的完整的印象，这也就是人们所说的经验，因此只要人们能够感知到事物的某一个方面的属性或特征，就会自动根据大脑中的经验来完善自己感知的事物，进而就产生了不需要再去感知其他的属性和部分的想法。

另一方面，人的各种品质之间总是有一定的联系的，每个人都会有一个核心的品质，而其他的品质则一般都不会脱离这个核心。比如一个人很热情，那么他就应该是亲切友好、乐于助人的，因此，人们在了解到一个人的核心品质之后，就会自觉地去补足其他品质。同时，各种性格特征在人身上又是相互联系、相互制约的，比如敢作敢当的人是正直勇敢、不畏强权的；因此，人们才会在了解了一个人某方面的特征之后就对整个人下一个结论，没有人会想"所有事情都不是绝对的"这一点，也没有人考虑其他人是不是伪装的等问题。

因此，一定要切记，不要受到光环效应的影响，不要认为看起来好的东西就一定是好的。在了解了光环效应之后，很多人都会产生一种感觉，那就是光环效应似乎和第一印象效应是一样的，没有什么区别。然而事实上光环效应和第一印象效应还是有一定的区别的。虽然说这两种效应都会使人产生错误的认知，但是第一印象效应产生错误认知是因为受到了第一印象的影响，而光环效应产生错误的认知则主要是受到个人喜好的影响。

激励他人，精神往往比物质更有效

有位老人在一个偏僻的小村庄里安享晚年，那里有山有水，空气清新，而且十分安静，老人住得很舒心。不过最近一段时间，十几个孩子打破了这里的宁静。他们经常到老人房子附近的空地上玩耍，互相追逐打闹，这严重影响了老人的生活。

老人曾多次制止，但是顽皮的孩子们仍然经常跑来。终于，老人想到了一个好办法。

有一天，孩子们正玩得起劲，老人把他们一起叫了过来。他从口袋里掏出了一些零钱，跟孩子们说，谁大声喊叫，这些钱就分给谁，而且，谁叫的声音越大，谁分到的钱越多。只要大声喊叫，就能得到零花钱，孩子们听到之后，高兴极了，都纷纷努力地大叫起来。孩子们大声叫喊之后，老人也如他所答应的那样，给了孩子们不同数额的零用钱。

在接下来的半个多月里，情况一直这样持续。孩子们大声吵闹，老人就给他们零用钱作为奖励。他们似乎都已经习惯了这样。后来某一天，老人突然把零用钱减少了。而且在以后的几天里，越来越少。尽管孩子们对此很有怨言，但是，毕竟还能得到奖励，所以孩子们仍然坚持喊着，只是热情大不如从前了。终于有一天，在孩子们大叫之后，老人一分钱都没有给他们。不管孩子们怎么吵闹，怎么争取，老人都不再给他们任何奖励了。

面对这样的结果，孩子们很失望，很生气，他们都觉得这太不公平了，心里都在想："没有任何奖励，我们凭什么还继续叫？"从此之后，他们再也不到老人那里大喊大叫了。甚至有时候，他们从老人那里经过，也都安安静静的，再也不像以前一样。

这个小故事反映的是心理学上的"过度理由效应"。它指的是人们习惯于为自己或别人的行为寻找一个理由，而且人们在为某件事寻找理由时，都会先找那些非常明显的外在原因，当这个外在的原因能够充分解释这些行为时，人们往往就不会再去寻找其他原因了。这种普遍的社会心理在20世纪70年代由心理学家德西所做的实验证实了。

德西找来一些大学生，分给他们每个人一些智力题做。实验过程分为三个阶段：第一阶段，每个大学生单独做题，而且没有任何报酬。第二阶段，将这些大学生分成 A、B 两组，A 组学生每个人解出一道题，都会得到一美元的奖励；B 组学生则像第一阶段一样，没有任何奖励。第三阶段，休息，每个学生可以自由活动。

实验之所以设置了第三个阶段，就是为了验证受试者是否会继续解题，还有哪些受试者继续解题。而实验得到的结果是，在第三阶段，一直没有得到任何奖励的 B 组同学大多在继续解题，而曾经得到过奖励的 A 组同学则没有人会在休息时间解题了。

由 A 组同学可以看出，当他们解题能获得奖励时，十分努力，然而一旦没有了奖励，他们就失去了解题的兴趣。B 组同学由于自始至终没有得到任何奖励，所以在休息时间里，仍然有一定的解题兴趣。

在第二阶段，A 组同学每解出一道题得到的一美元奖励，就是一个"过度理由"，这让他们觉得，自己做题的理由就是能得到奖励。而这在不知不觉中影响了他们对做题的兴趣。在第三阶段，A 组同学不能再得到奖励，因此他们觉得没有了做题的理由；而由于 B 组同学始终都没有得到这样的奖励，所以他们对于解题的兴趣没有受到这个"过度理由"的影响。

由此可见，人们都习惯为自己的行为找理由，当这个理由消失的时候，人们对该行为的兴趣也会跟着消失。德西的实验中是这样，老人给小孩子零钱作奖励以制止他们吵闹的故事中也是这样。小孩子大吵大闹，老人就给他们奖励，这就给了他们吵闹这一行为的"过度理由"，而当这个理由消失，他们也就失去了继续吵闹的兴趣。

为某些行为找过度理由，这种现象在我们的生活中十分常见。例如，当我们生病时，家人没日没夜地陪在病床边，无微不至地照顾，但我们很少注意到这些，很少会产生感激之情。然而，一个并不熟悉的朋友，甚至是陌生人不经意的一句"要注意身体啊，多休息"可能就会让我们感动很久。当我们遇到困难时，家人整日为我们担心，想尽办法为我们排忧解难，有的甚至为此倾家荡产；然而，即便这样，大多数人也会觉得这是"理所当然"。可是同样的情况，如果是普通朋友和陌生人在某个方面帮助了我们，很多人就会无限感激，甚至会感恩一辈子。这就体现出了"过度理由效应"。人们给别人的行为找理由，当自己的家人关心和帮助自己时，人们会觉得"至亲至爱的家人"这个理由已经足够，所以会把那些关心和帮助，认为是"理所当然"。然而，对于普通朋友和陌生人，就不能把他们的关心和帮助行为归结为"亲近的关系"了，所以就会认为那些普通朋友和陌生人是因为善良和乐于助人等美好品质而帮助自己。

人们普遍存在这种"过度理由效应"心理，我们应该深入了解，并在日常中注意运用。有些企业在激励员工努力工作时，往往通过给予物质奖励的方式，殊不知，这从长远来看，并不是一个明智的办法。如果一个员工只要做出点成绩，就能得到一定的物质奖励，那么这个物质奖励就会成为"过度理由"，他会认为自己是因为要得到这些奖励而努力工作，除非这种模式一直持续，不然，一旦有一次他做出了成绩而没有得到他认为的"应得"的奖励，那么他心理就会不平衡，工作热情就会减退。从长远来看，激励员工应该着重在精神方面，培养员工"为自己而工作"的事业心。当然，对员工进行物质激励也并不是不可行，关键是要建立一个合理的机制和规则，这样才能发挥物质激励应有的作用。

越是得不到，越难以忘怀

心理学中有一个著名的理论叫作"蔡格尼克效应"，它揭示了一种非常重要的心理现象，那就是很多事情人们没办法遗忘。蔡格尼克效应是由苏联心理学家蔡格尼克发现，并以她的名字命名的。蔡格尼克曾经做过一系列非常有趣的实验，她找了一些人担当受试者，随后让这些受试者做一些非常简单的事情，比如用线按照固定的模式把一些形状和颜色不同的珠子穿起来、背诵一首自己喜欢的诗歌、按顺序倒数指定区间内的数字等。由于蔡格尼克要求受试者在相同的时间内做这些事情，因此就出现了受试者可能在规定时间内完不成的情况。实验结束之后，蔡格尼克要求受试者立刻回忆刚才做过的事情，最终结果显示，对于那些在规定时间内完成的事情，受试者只能回忆起43%，而对于那些在规定时间内没有完成的事情，受试者却能够回忆出68%。这种现象最终被命名为蔡格尼克效应。也就是说，对于那些已经完成了并且已经有了结果的事情，人们很容易就会忘记；然而对于那些在半路中断的、没有实现目标的、没有得到结果的事情，人们却难以忘怀。

这种现象似乎颠覆了人们的认知。一方面，那些完成的事情，通常会让人高兴，如果是重要的事情，更是会给人们留下美妙的回忆，按理来说，这种事情才是人们会长久记忆的。而另一方面，那些未完成的事情，人们在这种事情上面一般都只会留下不好的回忆，那么就是说，人们是不应该记住这样的事情的。然而事实却恰好与人们的认知相反，当人们还无法理解这种现象的时候，蔡格尼克效应对其进行了合理的解释。

在生活中，人们经常会把蔡格尼克效应和初恋联系在一起，这是因为在大多数人看来，初恋就是那种没能完成的事情，大部分人都会对自己的初恋念念不忘，甚至说是刻骨铭心，即使是过去了很多年，哪怕已经结婚生子，很多人还是没办法忘记自己的初恋。虽然初恋有很多的不确定性，导致它通常不会有一个美好的结果，但是在整个过程中双方一起度过的美好时光，却是让人难以忘却的。总之，初恋之所以让人难忘，就是因为它的未完成性，这正符合蔡格尼克效应。

当然，在生活中还有很多事情能够证明蔡格尼克效应的影响。比如，一个人在考试中一共考了一百道题，但是其中的九十九道题对这个人来说完全不是问题，只有一道题无论如何都无法回答出来，那么最后考试结束之后，这个人并不一定能够记住自己答出来的那九十九道题，但是一定会对自己没回答出来的那道题无法忘怀。

总之，受到蔡格尼克效应的影响，在现实生活中那些没有完成的事情以及没有得到结果的事情，人们基本上都难以忘怀。

从现实的结果来看，蔡格尼克效应对人们产生的影响并不好。毕竟人活一生，追求的是快乐，并不是痛苦，没有人喜欢痛苦的感觉。另外，有一些人是不能接受失败的，特别是那些性格极端的人，如果经常深陷在痛苦的回忆所带来的打击中，很可能会走上错误的道路。因此，在现实生活中，人们一定要避免受到蔡格尼克效应的影响。那么究竟应该怎么去做呢？

我们要明白，过去的事情已经成为历史，人们需要的是活在当下，面对未来，只要在心里面多多规划一下自己的现在和未来，尽量不去想那些刻骨铭心的事情，就完全没有任何问题。

蔡格尼克效应告诉人们，在生活中，无论做什么样的事情，都要尽可能地做到有始有终，只要开始了，就一定要坚持做下去，最好是能取得一个让自己满意的结果，特别是做重要的事情时，决不轻易半途而废。

人有了热情，整个世界都会变美

有这样一个故事。从前，有一个女人陪着她的丈夫在沙漠的军事基地中驻扎。对于一个军人来说，那里是一个非常荒凉、非常无聊的地方，而对于一个普通的女人来说就更是如此了。

女人在军事基地的日子很不好过，虽说晚上因为有丈夫的陪伴，还能好过一些，然而白天的时候，她的丈夫要到沙漠中去参加军事演习而无法陪伴她，因此她就只能一个人留在基地的小铁皮房子里，这让她觉得非常无聊和寂寞，简直是无法忍受。当然，她也曾想过要改变，也曾试着满怀热情地出去和别人进行交流。但是，这种做法她只是试了几次之后就放弃了，一方面是因为沙漠地区白天的高温简直让她无法忍受，另一方面则是因为在她所在的军事基地周围只有墨西哥人和印第安人，双方语言不通，完全没办法交流。因此，在没办法的情况下，她只能在白天继续自己一个人待在小铁皮房子里，盼望着夜晚早点到来，自己的丈夫早点回来。久而久之，她就厌倦了这样的生活，至于刚来时的那种热情和激情，更是早就消失得无影无踪了。

为此，她感到非常伤心和难过，觉得自己在这里待下去就会死掉。一时间，她非常想念自己的亲人，于是就给自己的父母写了一封信，表示自己迫切地希望回到家里去。不久之后，女人的父亲就回信了。信里面的内容非常简单：两个人都从牢房中的窗户向外看，其中一个人看到的是泥土，而另一个人看到的是星星。这句话虽然短，却点醒了女人。

在那之后，她决心按照信里面的话去做，去沙漠里找到属于自己的星星。而正是因为她的这个决定，彻底地改变了她的生活。

她把和当地的人交朋友作为改变的开始。在努力地朝着这个目标前进的过程中，她发现，虽然语言不通，但是当地的人非常热情，因此她和当地人很容易就成了朋友。随着交往的增多，她对当地人的生活越来越感兴趣，对当地人做出来的手工艺品也越来越喜欢，而当地人对她也越来越友好，甚至有些时候还会把那些自己喜欢的又不舍得卖给观光游客的东西很大方地送给她。

后来，她又对军事基地周围的自然环境产生了兴趣，特别是沙漠上的各种植物和动物，比如仙人掌、土拨鼠等。她甚至还和当地的人一起观看沙漠中的日落，一起寻找在远古时期，沙漠还是海洋的时候留下来的贝壳。

就这样，在一段时间之后，她发现自己的生活变化实在是太大了，不仅不再觉得生活无聊，也不再感到周围的环境难以忍受，她觉得自己已经喜欢上了这个地方。甚至在后来的时候，她还为这个地方写了一本书，名字叫作《快乐的城堡》。

读了这个故事之后，我们会发现一个问题，那就是这个女人的转变让人觉得非常不可思议。因为事实上，她居住的环境以及周围的人都没有任何改变，沙漠还是那片沙漠，当地人还是那些不能和她交流的人，那为什么会在她身上发生从想要逃离到爱上那个地方的巨大转变呢？仔细研究，我们就会发现，这一切的转变，都在于她心态上的转变。是的，她父亲的那封信，使她改变了自己的心态，从对生活的失望、想要逃离，变得对生活充满了热情。就这样，本来十分悲观的她，在沙漠中看到的只是沙尘，但是在重新找回了自己的热情之后，却发现原来周围到处都是星星。

从这个故事中我们就能够看出，拥有积极的心态是非常重要的。在心理学中就有一个定律说明了这一点，那就是"杜利奥定律"。杜利奥定律是由美国著名心理学家杜利奥提出的，它的核心思想就是：一个人应该有积极的心态，一旦失去了对生活的热情，那么这个人就会像是一个垂垂老矣的老年人一样，精神状态会非常不好；而当一个人精神状态不好之后，所有相关的事情就都会处于一个不好的状态。就像是做事情一样，如果缺乏热情，不可避免地就会心灰意冷、垂头丧气。我们或许可以这样理解，一个人失去热情后，就会像是一具失去了灵魂的行尸走肉一样，无法像正常人一样去做事情。

难道热情的心态真的有那么重要吗？是的，它非常重要，它关系到人们是否能够取得成功。著名的成功学大师拿破仑·希尔曾经说过："一个人能否获得成功，关键是在于他的心态。成功人士与失败人士的差别，就在于成功人士拥有积极的心态和高昂的热情。"还有一位哲学家克尔凯郭尔也曾经说过："要么是你去驾驭生命，要么就是生命去驾驭你。你的心态决定了你和生命到底谁是骑士，谁是坐骑。"我们并不能够否认人和人之间的差距，但是这种差距其实是非常小的，甚至可以说是微乎其微，然而就是这种非常小的差距却造成了非常巨大的差异，也就是成功者和失败者的差异。其实人和人之间的微小差距就在于人们的心态上，到底是积极热情的心态还是消极的心态，决定了人到底是成为一个成功者还是失败者。积极热情的心态，是成功者的主要标志。当一个人拥有了这样的心态之后，他就能够用乐观的态度去面对人生，以及人生中的各种麻烦和挑战，做事情也会取得事半功倍的效果。

从古到今，所有伟大的成就都可以称作是热情的胜利。缺少了热情，是无法成就任何事业的，因为不管多么恐惧和艰难的挑战，都被热情赋予了一种新的含义。就像是面对工作，如果能够有非常热情的心态，那么自然就会把工作当成一种事业来发展，这样就会越来越努力，工作自然就越来越好，这样就更容易取得成功。如果在面对工作的时候缺乏热情，那么可能就只是把工作当成一个养家糊口的工具而已，这样就不会努力工作，自然也就无法在工作上取得任何成功。

可以看出，拥有积极的心态是非常重要的，那么为什么会有那么多的人对生活缺乏足够的热情呢？

第一，目标不合理。在这个世界上，每个人都有着自己的目标，这些目标或大或小，但无论是大目标还是小目标，人们都会朝着自己的目标去努力奋斗。然而，有些人为自己设立的目标并不合理，导致人们在奋斗了一段时间之后就会突然发现，自己的奋斗变得毫无意义，这就会导致人们失去奋斗的动力，也就是失去了热情。

第二，缺乏信心。信心对人们来说是非常重要的。如果一个人缺乏信心，很可能就会觉得自己什么事情都做不好、做不成，做什么都不会取得成功，这样就会导致人们失去做事情的动力。动力都没有了，热情又怎么会存在呢？

第三，不能持之以恒，做事情缺乏毅力。没有毅力的人，做什么事情都可能会半途而废。当一个人在中途就不想做一件事情之后，又怎么可能还有热情呢？

第四，没有足够的知识储备和个人能力。出现这种情况的时候，人们最直接的感觉就是力不从心。当一个人总是对自己做的事情感觉到力不从心，就会对自己失去信心，自然就会对所有东西都失去了热情。

其实每个人都不是天生就缺少热情，只是有些人的热情在生活的磨难中逐渐消失了。那么人们应该如何保持积极的心态呢？

第一，要塑造出自己坚忍不拔的性格。只有做什么事情都能够坚持下去，才不会让自己的热情消退。

第二，要给自己树立一个适当的人生目标，并且把这个目标分解，找到每个阶段的具体目标。这样做的目的就是防止人们完成人生目标之前就失去热情。

第三，学会微笑。微笑十分重要，它本身就是热情的一种表现方式。当你对别人微笑的时候，别人很可能就会用热情的态度来对待你，这种热情是可以传染的，它能够让人们时刻保持着热情。

第四，要不断地去学习。用知识武装自己不仅会让自己强大，还可以增加人们的自信，并且更容易让人们找到方法和捷径，它会让人们的热情得到更充分的体现。

总之，热情就是人们生活中的美好旋律。只有拥有了热情，人们才能够取得成功。

第五章

局限

我们经常会掉进自己的思维陷阱

犯了错，也不一定长教训

在生活中，我们每个人都会犯错误，特别是孩子。其实，犯错误并不是一件非常可怕的事情，特别是对于孩子来说，犯错误是他们人生道路上必须要经历的。作为父母来说，应该允许孩子犯错误，因为只有在犯错误之后，孩子才能够接受教训，才能够成长，为将来战胜生活中的各种困难做准备。

这里有很重要的一点，那就是犯错误之后要接受教训，只有这样才能真正地在心里面铭记错误。对于一个成年人来说，这一点并不是问题，全看自己会不会去记。但是对于孩子来说，这就不是自己能够控制的事情，因为孩子犯错误之后到底能不能铭记，要看父母对孩子的教育方法。在这一点上，不同的父母在孩子犯错误之后，对待的方式是不同的。有一些父母觉得孩子犯一些错误没有什么，不会产生什么影响，因此他们会一笑了之，根本就当没有发生过这样的事情一样。有些父母则属于另一种极端，他们不允许自己的孩子犯错误，因此一旦孩子犯了错误就非打即骂。还有一些父母则会选择对孩子进行说服教育。也有一些父母会让孩子自己进行反思，随后再对其进行教育。至于最后取得的效果，自然也各不相同。

现实中，大多数家长在孩子犯错误之后，会立刻去批评和惩罚自己的孩子。然而，这种做法并没有多大的效果。那么，到底有没有一种方法能够在孩子犯了错误之后让他们接受教训，记住自己的错误呢？当然有，这种方法叫作"自然惩罚法则"。

"自然惩罚"是18世纪法国著名教育家卢梭在他的著作《爱弥儿》中提出的概念。他认为："应该让孩子在经验中去吸取教训。"具体来说，就是当孩子在行为上产生过失或者犯了错误时，父母不给予过多的批评，而是让孩子自己承受行为过失或错误直接造成的后果，使孩子在承受后果的同时感受到不愉快，甚至接受痛苦的心理惩罚，从而让孩子从内心真正地悔恨，自觉地去纠正自己的错误，弥补自己的过失。这样做，能够让孩子从心里面认清自己的错误，并且接受教训。比如，当孩子打破一件东西之后，父母不要去打骂孩子，也不要急于买回被孩子打破的东西，而是要让孩子充分体会一下自己需要这种东西却没有的感觉，这样孩子才会接受教训。其实，自然惩罚法则就是让孩子体验"自作自受"，懂得不犯错误就不会受到惩罚的道理。

我们可以从下面这个故事中看到自然惩罚法则的重要作用。

约翰今年 8 岁了，正在上小学。因为学校中午不提供午饭，而中午家里面又没人，因此约翰每天都要带午饭去上学。但是，不知道为什么，约翰经常会忘记带午饭，每次到这个时候，约翰都会给他妈妈打电话，要求她到学校给自己送饭。

但是，约翰的妈妈并不是一个无所事事的人，她也有自己的工作，并且很忙，每次约翰打电话要求她送午饭，都会打断她的工作，这让她非常烦恼。为此，她想了很多办法希望约翰能够不要忘记带午饭，比如苦口婆心地讲道理、打骂约翰等。但是，这些方法却收效甚微，约翰依然会经常忘记带午饭，他妈妈也依然要去给他送午饭。

在一次偶然的机会，约翰的妈妈听说了自然惩罚法则这个教育学的理论。为了解决约翰不带午饭的问题，约翰的妈妈决定要试一试这个办法。但是，她还是决定先提醒一下约翰。于是，她对约翰说："约翰，你已经长大了，不再是个孩子，必须要对自己的行为负责了。妈妈工作很忙，中午给你送饭会严重耽误工作，因此我决定不会再给你送饭了。如果你以后还忘记带午饭，那么你就只能饿着了。"

在妈妈面前，约翰表现得很乖，因此就痛快地答应了妈妈。但是，他转身就忘记了这件事情。自然地，第二天约翰又忘记带午饭了。约翰习惯性地打电话给他妈妈，希望她能够给他送饭。但是他妈妈说："我昨天已经说过不会给你送饭了，并且你已经答应了，所以，你必须要对你的行为负责，我没有时间给你送饭，也不会给你送饭。"

约翰当然不愿意，谁希望自己饿肚子呢。于是他继续求他的妈妈，但是约翰的妈妈决心已定，非常坚决地拒绝了约翰的请求。约翰没办法，只能默默承受饿肚子的痛苦。

对于妈妈不给自己送饭这件事，约翰很生气。

但是，经过这件事情之后，他再也没有出现过忘记带午饭的情况了。

从这个故事中可以看出，自然惩罚法则的作用是巨大的，它真的能够让孩子自己吸取教训。这就说明，让孩子从自己的错误中直接体验到后果，要比父母对此加以批评和指责效果更好。

那么，在运用自然惩罚法则的时候有什么需要注意的事情吗？

第一，让孩子对自己的行为负责。学会对自己的行为负责，是每个孩子成长过程中重要的一步。父母要减少对孩子行为的干涉，让孩子自己选择，他会在实践中尝到自己选择的后果。如果父母总是不停地唠叨、埋怨，孩子就会转移注意力，觉得保护自己不受谴责和维护自尊心才是最重要的，因而有时候甚至对于父母的要求反其道而行之。

第二，父母可以提醒孩子，但不要教训孩子。父母可以和孩子讲清道理，让孩子懂得某种行为可能带来的后果。当孩子出现某种不良行为的时候，父母可以提醒他，但不要教训他。

第三，父母要态度坚决，同时又要充满爱心。有的父母在运用自然惩罚法则的时候，只记得要惩罚孩子，忽略了父母应该具备的爱心。当孩子没有按照事先说好的去做时，父母往往过于严厉，对孩子大声斥骂。这样的教育，不再是自然惩罚，而是变成了父母对孩子的惩罚行为。

父母都希望自己的孩子好，因此，每当孩子犯错误之后，父母都会非常焦急，这一点是可以理解的。但是，不能只是因为这点就在孩子犯错误之后急躁地对待，而不讲究任何方法。让孩子接受教训，就要让孩子经受事情结果的惩罚，从长远看，这样才是真正地对孩子好。

你总是用固定思维看待人和事

有这样一些现象：提到某个地区的时候，大多数人首先想到的内容都是相同的。比如提到中东，人们最先想起的很可能就是石油；提到法国，人们八成会想到浪漫。提到人的某些特征，人们就会下意识地把一个人划分到某类人群当中。比如，如果一个人个子很高，人们就会认为这个人的篮球可能会玩得很好；如果一个人很胖，那么人们就会觉得这个人八成不爱运动。

其实不仅仅是在看待人的问题上人们会有固定思维，在人们回答某些问题的时候，也同样会出现固定思维。人们在回答某些问题的时候，总是会按照既有的套路进行，之后才发现自己是错的。比如，如果有人问你什么老鼠是用两条腿走路的，你可能就会想起米老鼠。当接下来问你什么鸭子是用两条腿走路的时候，你很可能就会下意识地回答是唐老鸭，却忘了所有的鸭子都是用两条腿走路的。

在生活当中，类似的现象还有很多，可以说这是一种非常普遍的现象。有的时候会闹出一些笑话。然而，当人们想要刻意避开这样的现象的时候，却发现自己仍然会不经意间做出很多类似的事情。这就使很多人不禁要问，为什么会产生这样的现象呢？其实，会出现这种现象的主要原因，是人们总是会按照固定思维去看待人或问题。在心理学中，这种现象被叫作"刻板印象"，也可以叫作"定型化效应"。

很多心理学家都针对刻板印象做过一些实验。

心理学家斯奈德和斯旺就做过一项研究。他们找了一些人作为采访者，要求他们去采访一些指定的人。但是，在采访活动开始之前，他们却通过一些方式让采访者相信自己将要采访的人的性格是内向的还是外向的。结果他们发现，在采访过程当中，采访者会根据被采访者的性格来安排自己的问题。比如，针对内向的人，采访者就会用对应内向的人的问题提问，比如"你为什么总是喜欢独自一个人待着"。而针对外向的人，采访者则会更多地选择一些对应外向的人的问题，比如"你为什么总是喜欢给别人带来欢乐"。

苏联心理学家也做过一项实验。在实验中，心理学家向两组大学生出示了同一张照片。然而，在拿出照片之前，心理学家分别向两组人说了一番话：对第一组说的是这张照片上的人是一个十恶不赦的罪犯，对第二组人说的是这张照片上的人是一位学识渊博的科学家。随后心理学家让两组人分别描绘出照片中人的面貌。结果发现，第一组的描述和第二组的描述有很大的差别。第一组认为照片中的人充满了仇恨和绝望，而第二组则认为照片中的人眼神深邃，内心坚强。

从实验中我们可以看出，只是因为提示不同，结果就出现非常大的差别。由此可以知道，刻板印象对人们的影响巨大。

用刻板印象去判断一个人，对这个人来说很可能并不客观，甚至会产生一种歧视和偏见，这便是刻板印象的消极影响。刻板印象在本质上是在社会交往中给别人贴上的一个标签，然而这个标签却并不一定是正确的，也不一定是真实的，如果我们按照自己为别人贴的标签与别人进行交往，并且把这种感受与其他人分享，就会对别人造成一种不公平的后果。

比如，在生活中，一个人对于身上有文身的人缺乏好感，认为这样的人都是小混混，并不是好人，那么当这个人与身上有文身的人进行交往时，就会不自觉地把对方划入"不是好人"的行列中。这种情况下，如果对方确实不是什么好人，也没有人对他有好印象，那么这样的判断就没什么问题；但是如果对方是一个好人，只是出于好奇或其他原因才文身的，那么这种判断对对方就是一种伤害；要是因为自己的判断而向别人宣传说对方不是好人，那对于对方来说，就更是不公平的。

刻板印象还会对人们自身造成严重的影响。比如，一对感情很好的年轻人，本来可以幸福快乐地生活在一起，但是如果其中一方的家长对另一方有偏见，总认为对方看上去并不是一个踏实的人，总是挑这个挑那个，那么两个人的感情是不可能长久下去的，很可能会以分手而结束。再比如，如果一个老板对于自己公司的某个员工有偏见，总是觉得这个员工并没有多大的能力，反而经常会有这样或那样的麻烦事，那么这个员工无论多么努力，业绩无论多么好，也很难得到老板的赏识，若是不换工作，可能这一辈子就只能是一个不受重视的小员工。

从这些例子我们可以看出，刻板印象对于人们来说并不是一种好的现象，因此在与其他人进行社会交往的时候，应尽可能地避免刻板印象对自己造成的影响，同时应该用客观的态度去评价别人。然而，在人际交往中，用刻板印象去判断别人却是一种非常普遍的现象，甚至是很难避免的。也就是说，很多时候人们根本就无法客观地去评价别人，虽然人们都想正确认识别人。那么这个问题应该如何解决呢？

想要解决这样的问题，避免刻板印象对人们造成不良的影响，首先应该了解一下刻板印象产生的原因。从心理学角度来讲，人际交往中之所以会形成刻板印象，一方面是因为人类的思维定式或者说是常规型思维：这种常规型的思维会让人们的思维产生一种惯性，而人们总是会在无意识中不自觉地受到这种惯性思维的影响。另一方面是因为一个人的时间和精力是有限的，这就导致了在人际交往过程中，人们不可能有充足的时间和精力去和某个群体中的每个成员都进行深入的交往，而只能与其中的一部分人进行交往，这样就导致人们必须要用"以偏概全"的方式，通过自己所接触到的那部分人，去推断整个群体中的所有人。

从刻板印象形成的原因，人们可以看出，在人的时间和精力不能改变的情况下，想要避免和打破刻板印象的消极影响，最好的办法就是亲自去体会。如果是需要判断别人，那么就必须在和对方深入接触之后再下结论，必须要做到不能根据自己的所谓经验或道听途说来判断别人。

在这里，我们似乎也能够找到另一个问题的解决办法，那就是当别人对我们产生误会或误解的时候，我们如何去解决这样的问题。当你觉得别人对你产生误解的时候，不要用语言去解释，这是没有任何用处的，好人从来都不是用嘴说出来的，最好的办法就是去做，如果能够让对方深入了解到你是一个什么样的人，就一定能够消除他对你的误会。

想要打破刻板印象的影响，还有一种方法就是用新的眼光和思维去看待问题。当我们面对一个问题的时候，大多数情况下都会去想前人的解决办法，或者是用老旧的思维去思考，这样会造成很大的限制，甚至会产生不良的后果。比如在"司马光砸缸"这个故事中，当一个小孩子掉到水缸里面之后，大多数人的第一个想法是喊救命，然后等大人来了之后再把孩子从水缸里捞出来。这确实是一个正确的方法，然而谁也不能保证掉到缸里的孩子能活到那个时候。这时候，司马光却能够打破常规，用石头砸破水缸，救出孩子，这实际上就是打破思维定式所带来的好处。

"以己度人"易犯大错

有这样一个夸张却耐人寻味的小故事。

一天晚上，一个年轻人开着车行驶在偏僻的公路上。因为四周漆黑，路上也没有路灯，所以这个年轻人就打算把车开快点，尽快走出这条路。可是天不遂人愿，就听"砰"的一声之后，他的车开始不稳了。于是他下车看了一下，发现原来是轮胎爆了，必须要更换之后才能够继续前进。

年轻人的车上是带着备胎的，对于这一点他很庆幸，这意味着他可以迅速地换好轮胎继续出发。然而只有备胎是远远不够的，想要更换轮胎，还需要一样重要的工具，那就是千斤顶。可是，当他在工具箱里找了几遍之后，顿时觉得尴尬了，因为在工具箱里面并没有千斤顶的踪影。另外，由于当时是晚上，走的路又偏僻，想要向路过的车辆借千斤顶似乎也不是一件容易的事情。所以年轻人开始有一些慌张了，因为他以前并没有经历过这样的事情。就在他不知道该怎么办的时候，突然远远地望见有一座亮着灯的房子，于是他决定去碰碰运气，看看能不能去房子的主人那里借来千斤顶。

在向着那座房子走的时候，年轻人的心里面非常忐忑，他认为没有人会喜欢一个半夜来敲自己家门的陌生人，他一边走一边想："我到底能不能借来千斤顶呢？""要是那家的主人根本就不给我开门应该怎么办呢？""就算是给我开门了，但是人家却没有千斤顶该怎么办呢？""如果主人因为我半夜敲门生气了，有千斤顶却不借给我又该怎么办呢？"

这一路上，年轻人都在这样胡思乱想。他越想越生气，越想越觉得房子的主人肯定是有千斤顶，但是不会借给自己，于是他莫名其妙地就愤怒了。就在这样的心情下，年轻人走到了那座亮着灯的房子门前。他敲开门。因为之前就在心里面把主人想象成了一个有千斤顶却不借给他的"坏蛋"，所以，等主人出来之后，年轻人对着主人劈头盖脸地就来了一句："一个破千斤顶你还当宝一样看着，我不跟你借了还不行吗！"

说完这句话之后，年轻人自己就愣住了，他似乎不知道自己为什么会说出这样的话来。而房子的主人更是丈二和尚摸不着头脑，以为自己是碰到了神经病，于是大声地对年轻人说："你是不是有病啊，莫名其妙的。"然后转身，"砰"的一声，干净利落地关上了房门。

直到这个时候，年轻人还是愣愣地站在那里，没什么反应，似乎还在思考着自己为什么会说出那样的话。

看了上面这个故事之后，可能大多数人都会觉得那个年轻人非常可笑，觉得他连房子主人的面都没见到就在心里面胡思乱想，并且还把自己胡思乱想出来的东西当成是真事，最后导致自己不仅没借到千斤顶，还被别人骂了一顿，这不是活该吗。

或许大多数人在看了上面的这个故事之后，都会一笑了之，之后就没有人会去在意这个故事了。但是不知道有没有人想过，这个故事真的就只是一个笑话吗？其实在现实生活中，就有很多人在做事情的时候，会出现和那个年轻人一样的问题：总是用自己的想法去推测别人。在心理学中，这种现象被叫作"投射效应"。"投射效应"是指人们在不知道别人真实状况的情况下，比如别人的情绪、个性、观念、好恶等情况都不知道，就总是认为别人会和自己有相同的特性和想法，把自己的感情、意志、想法等强加在其他人的身上。"投射效应"是一种以己度人的心理，也就是说，人们总是会觉得自己是怎么想的，别人也就应该怎么想。比如：自己认为某个人是坏人，其他人也就应该认为那个人是坏人；自己觉得自己很好，其他人也一定会觉得自己很好。

为了证明投射效应的存在，心理学家罗斯曾经做过一个实验。那是一个非常简单的实验，实验的核心内容就是要受试者回答一个问题，当然还要给出一定的理由。作为受试者的是80名大学生，而问题是询问这些学生是否愿意背着一个大牌子在学校里面走动。

当所有的 80 名受试者都回答完问题之后，罗斯对实验结果进行了统计。结果显示，在所有的受试者中，一共有 48 名学生选择同意背着大牌子在校园里面走动，而其他 32 名学生则拒绝了。这个结果并不出乎实验者的预料，因为有些人选择同意，有些人选择不同意，本来就是很正常的事情。但是，学生们做出选择的原因却出乎罗斯的意料。根据调查，学生们做出选择的原因都是相同的，同意背着大牌子在学校里走的人是认为大部分的学生应该会选择同意，而不同意背着大牌子在学校里走的学生，也是认为大部分同学会选择拒绝这个要求。也就是说，做出这两种选择的学生，都觉得大部分学生会和自己有一样的想法，做出相同的选择。

这个实验表明，这些学生都认为其他人和自己是一样的人，都把自己的态度投射到了其他人身上。这就说明，投射效应是真实存在的，对每一个人都产生着影响。

那么，投射效应所产生的影响，对于人们来说到底是有好处还是有弊端呢？

从心理学角度来说，投射效应对于人们的影响有利也有弊。一方面，投射效应对人与人之间的交往会起到某种有利的作用。在现实生活中，投射效应随处可见，可以说每个人都或多或少地有一点投射心理。而在某些场合当中，人们的这种投射心理会或多或少地暴露出人们心里面的某些想法，从而使其他人了解到这些想法，并且通过这些想法了解这个人。也就是说，投射效应能够让人们在和别人交谈的过程中，体会到对方的心里想法和真正的意图。

比如，一个人非常喜欢书法，并且对书法有很深的理解，那么在看到别人的书法作品之后，他就很愿意发表一些自己的看法，在与别人谈话的时候也会不自觉地谈论到书法。如果人们能够通过这些日常的表现，了解到这个人喜欢书法的事实，就能够更好地和这个人进行交往，比如尊重他的爱好、在聊天时选择关于书法的话题投其所好。

当然，投射效应对人们也会产生一些不好的影响。因为投射心理其实就是对他人的一种主观上的定位和揣测，并没有考虑人与人之间观念上的差异。所以，一旦一个人的投射效应过强，很可能会给自己带来一些麻烦，比如会让别人在心里面反感自己，甚至是与别人发生误解和冲突。

比如，一些父母总是根据自己的经验，来帮助或替代自己的孩子做出选择，像是替孩子选大学、专业、工作、结婚对象等，却从来都没有考虑过孩子自己的感受。就像是一些人选择了自己喜欢的结婚对象，但是父母却死活都不同意，非要让分手，最后无非就是三种结局：要么孩子妥协，要么父母妥协，要么就是双方谁都不妥协。无论是哪一种情况，最后的结果都是让父母和孩子之间产生矛盾和隔阂，严重的甚至会产生家庭战争，这是所有人都不想看到的。

总之，一旦投射效应对人们产生了不好的影响，后果是非常严重的。因此，人们必须要对投射效应进行充分的了解，这样才能尽可能地避免投射效应的副作用。

通常来说，投射主要分为三种。第一种是相同投射，指的是陌生人在相互交往的时候，从自己的想法出发，去理解别人。第二种是感情投射，即认为其他的人都会和自己好恶相同，总是按照自己的思维去理解其他人的特性，认为自己喜欢的东西，别人也一定要喜欢，如果自己喜欢的东西别人不喜欢，那就是不给自己面子，不理解自己。第三种是愿望投射，即总是喜欢把自己的愿望强加给别人，比如一些父母非要让自己的孩子去从事某个职业，因为那是他们以前的愿望，但是没能实现，所以就寄托在了孩子身上。

其实，投射就是一种主观的认知心理。在投射效应的影响下，人们总是会认为自己能够看清楚别人的内心世界，然而却不知道自己看到的终究只是自己的内心。这就像是玻璃和镜子的区别，人们总是以为在自己和他人之间安装的是一块玻璃，自己能够透过玻璃窥视他人的内心，然而事实上人们在其他人之间安装的只是一面镜子，反射过来的最终还是自己的心理。

那么，人们应该如何避免自己受到投射效应的影响呢？

一方面是要学会尊重他人的想法，并且承认人与人之间的差异；同时要学会从全方位、多角度去看待别人。另一方面就是要学会换位思考，遇到问题的时候，多站在别人的立场和角度上思考问题，这样就能够让人与人之间的关系变得更加融洽。

正所谓"人心不同，各如其面"，现实生活中，人与人毕竟是不相同的，所以我们一定不要用自己的想法去推测别人，只有这样才能够在人际交往中，避免自己犯错误，避免人际关系走到无法挽回的地步。毕竟，人际关系和谐，才是这个社会的主旋律。

选择多了，反而会失去主见

在现实生活中，人们经常会碰到两难的选择，即在一个问题上，突然出现了两种选择，并且这两种选择相互矛盾，人们不知道究竟应该选择哪一个，这就导致人们陷入了两难境地当中。

比如，总是有一些女人会问自己的男人这样的问题："我和你妈妈同时掉到水里，你会先救谁？"对于这样的事情，旁观者会当成一个笑话来听，但是对于当事人，却是一件非常痛苦的事情，毕竟母亲和爱人是一个男人生命中最重要的两个女人，哪一个都不舍得放弃。再比如，一些男人可能是因为某种原因娶了一个自己不喜欢的女人做妻子，但是又不能够和自己喜欢的女人断绝关系，遇到这种情况，男人又会面临两难的选择，到底是要现在的一切，还是要自己的爱情，这可能会让男人崩溃。

在心理学中，这种因为面对两难的选择而使一个人陷入混乱的情况，可以用"手表定律"来进行解释。

手表定律来源于一则叫作《猴子与手表》的寓言故事。

据说有一群猴子在大森林里面快乐地生活着。它们早上在太阳升起之后就出去觅食，在太阳落山之后结束一天的活动回去睡觉，日子虽然简单，但是这些猴子却过得非常幸福。然而，这一切都被几块手表给改变了。

有一天，一个到森林中游玩的游客，不小心把自己的手表遗忘在了森林里，被一只非常聪明的猴子捡到。聪明的猴子很快就明白了手表的功能。从这之后，这只猴子就成了一只名猴，不仅其他的猴子会来向它请教时间，最后甚至连整个族群的作息时间都由这只猴子来管理。从这时候开始，这只猴子在群体中的威望越来越大，最后它成了整个猴群的猴王。而这一切的改变，不过是因为一块小小的手表。成为猴王后的猴子也一直都把手表当成宝贝一样保存。

对于宝贝，人们总是希望得到的越多越好。作为人类的近亲，猴子其实也有着这样的特点，也向往着能够过上拥有很多宝贝的生活。因为手表给猴王带来了好运，因此猴王每天都要巡视自己的领地，希望能够再次得到一块手表。功夫不负有心人，多次巡视之后，猴王终于又捡到了手表，并且不止一块。

然而，手表数量的增加，却并没有给猴王带来它想要的那种结果，反而使得猴王在猴群中的声望逐渐降低，这一切都是因为几块手表上所显示的时间是不同的，这让猴王不知道自己到底应该相信哪一块手表上面的时间。当有猴子向猴王请教时间的时候，猴王总是支支吾吾地答不出来，最后甚至连整个族群的作息时间都变得非常混乱。渐渐地，猴王在族群中失去了威望，当所有的猴子都不再相信猴王之后，它最终被推下了猴王的宝座。然而，新上任的猴王悲哀地发现，自己和原来的猴王面临着同样的一个问题：到底哪块手表上的时间才是正确的呢？

这就是心理学中非常著名的"手表定律"。它的意思是说，如果人们只拥有一块手表，那么判断时间是一件很容易的事情。然而如果人们拥有两块甚至是更多的手表，反而会因为每块手表上时间不同而产生一种矛盾的心理，根本无法确定到底哪个是准确的时间。

根据手表定律的内容，心理学家埃瓦尔德·海林得到了一个结论：**人们无论面对什么样的事情，都只能够确定一个目标去坚持，而不能同时出现两个或两个以上相互矛盾的目标，否则人们就要面对不知道如何选择的尴尬情况。**

手表定律所揭示出来的这个道理，相信很多人都明白。然而，当手表定律通过不同的方式在不同的领域发挥作用时，人们仍然会陷入那种无法选择的苦恼当中。比如有一名工人，他有两个直接的领导，并且这两个领导级别相同，互不从属。有一天，其中一个领导交给了他一个任务，而另一个领导却交给了他另一个任务。两个任务完全不同，甚至在完成时间上还会出现冲突。这时，他完全陷入矛盾的心理当中：选择一个肯定会得罪另一个，这样工作就一定会出现问题。那么，在遇到两难的选择时，人们到底应该如何处理呢？

对于这一点，心理学家给出了一些答案。首先要明确一点，那就是不能逃避，逃避是不能解决任何问题的，所以要正视自己所面临的两难选择，并且学会让自己暂时性地跳出两个选择的包围，从客观的角度去看待问题，全面分析两个选择的利与弊，最终挑选出一个最有利于自己的选择。比如，像前面说的面对两个领导这样的情况，最好的办法是及时与两个领导进行沟通，让两个领导的意见达成一致，以避免因为盲目地选择而成为领导争权夺利的牺牲品。

另外，在面对选择时无论怎样进行比较都无法做出决定的时候，可以选择使用"模糊心理"。所谓的模糊心理，实际上就是在面对两难选择的时候，以潜意识的心理为主，做出符合潜意识心理的选择。心理学研究表明，潜意识心理其实就是人们成长过程中所形成的一种心理积淀。虽然人们并不能够确定潜意识心理的正确性，但是通过潜意识心理所做出的选择，一般都会非常符合个体心理的需求。

一个两难的选择，会让人陷入混乱当中，就算费尽心机选择了一个，也会让一个人觉得身心俱疲，因此最好的办法就是不要让自己陷入这种两难的境地当中，这应该就是手表定律带给我们的启示。

惯性思维让人作茧自缚

怎样让一个不爱养鸟的人养一只鸟呢？送他一个鸟笼，这是一个简单而奏效的方法。

詹姆斯是哈佛大学的一位心理学家，卡尔森是一位物理学家，他们是好朋友。

有一次，詹姆斯和卡尔森打赌，他对卡尔森说，不久之后一定会让他养一只鸟。卡尔森不相信，他觉得，自己不喜欢鸟，也从来没有过养鸟的想法，怎么可能会养鸟呢。

几天后，卡尔森过生日，詹姆斯带着礼物来给他庆祝，礼物是一个小巧精致的鸟笼。卡尔森想到了两个人的赌约，笑着对詹姆斯说："这真是一件漂亮的工艺品，不过，你别浪费力气了，我不会养鸟的。"詹姆斯笑而不语。

收到这只鸟笼之后，卡尔森就将它挂在了屋里的窗户边。从此之后，每次有客人来访，都会注意到这个空鸟笼。几乎每个人都会好奇地问卡尔森："里面的鸟儿哪去了？"或者"你的鸟儿什么时候死了？"面对客人们一次又一次的询问，卡尔森只好每一次都解释一遍："我从来没有养过鸟。"而面对卡尔森的解释，大家无一例外地都表现出惊讶和怀疑："不养鸟，为什么挂个鸟笼子呢？"久而久之，卡尔森教授无奈极了，他只好买了一只鸟放进去。

在房间里挂一个空鸟笼，不久之后，要么是将鸟笼扔掉，要么是买一只鸟养在里面。因为，面对空鸟笼，人们有一种惯性思维，那就是里面一定要养一只鸟才正常。所以如果将鸟笼挂在那里而不养鸟的话，就要向人们无休止地解释。心理学家詹姆斯总结这一现象，提出了著名的"鸟笼效应"。鸟笼效应体现了人们惯性思维的强大以及人们对此的屈服。

鸟笼是用来养鸟的，不养鸟的话，何必挂一只鸟笼呢？一个人挂一个空鸟笼在房间里，即便是没有人问，时间长了，在那个人心里也会造成一种压力，使他觉得"应该"在里面养一只鸟儿。因为只有这样，才有东西与笼子相配套。

在现实生活中，有很多现象都反映了这一"鸟笼效应"。男女朋友之间，男孩送给女孩一大束玫瑰花，为此女孩特意跑去花店买了一个漂亮的花瓶，这束花便在花瓶里放下了。然而，你一定能猜到，等这束花枯萎了，被扔掉之后所发生的事情。那就是男孩或者女孩要时不时地买新的花儿放到里面。因为空花瓶和空鸟笼一样，既会让别人感到奇怪，也会让自己觉得应该买束花放在里面才"正常"，才物有所用。人们做了一件事，而这件事就像一个鸟笼一样，成了一种约束，让人们不得不"养一只鸟儿"进去，所以人们就要再做很多与之配套的事情。

就像是装修。装修过房子的人恐怕都有这样的体会，如果你头脑发热，买了一个很高端时尚的电脑控制抽水马桶，那么接下来的很多事情都会受到影响。既然马桶装得很新潮，那么地板也不能和它相差太多，洗脸池当然也不能马马虎虎，就连水龙头也得跟上档次。卫生间如此装修，那么厨房、客厅等其他地方也就不能随便将就了……

很多时候，买衣服也容易出现这样的情况。衣服的风格不同，搭配也应该不同。然而，人们有时候看到一件很好又很喜欢的衣服，头脑一热就买下了。但是买回来后才想起来，没有合适的衣服或者鞋子搭配，所以很久都穿不出去，只能再买与它搭配的衣服和鞋子。

有鸟笼就一定要养鸟，有花瓶就一定要有花放在里面。在生活中，对于某件事，当大多数人这样做时，就会形成一种"习惯"，渐渐地，人们就有了一种惯性思维，认为只有符合习惯的做法才是正常的。当你想要说服别人做某件事时，可以巧妙地利用这种惯性思维，同时，自己也要保持清醒的头脑，凡事要实事求是，量力而为，不要让一个"空鸟笼"框住自己。

第六章

影响

你不像看上去那样"人格独立"

心理暗示可以左右一个人的命运

当我们在商场买东西的时候，如果发现了一个东西自己不认识，很想知道到底是什么，但是周围却没有人能给自己介绍，这个时候，人们的第一个反应一定是去看商品的标签。为什么呢？因为贴在商品上面的标签，其作用和目的就是为了能够让消费者更方便、更快捷地了解商品。

其实，不只是商品会被贴上标签，人有的时候也是会被贴上标签的。我们可以看下面的两个故事。

某座监狱请了一个著名的棒球手来演讲，希望他能够讲一讲自己的故事，来激励监狱里面的犯人努力奋斗。棒球手欣然同意，他来到了监狱，向犯人们讲述了自己成为棒球手的故事。原来，在这件事情当中起着最主要作用的就是棒球手的父亲。在棒球手小的时候，第一次玩棒球的他一不小心用棒球把父亲的牙打出血了，他很担心父亲会骂他，但是没想到，他的父亲不但没有骂他，反而还夸奖了他。他的父亲说："亲爱的孩子，你以后一定会成为一个优秀的棒球手。"后来又有一次，他在打棒球的时候不小心把家里的玻璃打碎了，他忐忑不安。但是，他的父亲仍然没有责怪他，反而对他说："孩子，你打得非常好，以你这样的技术，将来一定会成为世界冠军的。"结果，他长大后真的成了非常著名的棒球手。他认为，自己之所以会取得现在这样的成就，和自己的父亲当初说的话是分不开的。监狱里面的犯人在听到这个故事后窃窃私语，似乎很有感触。这时候，一个犯人突然站起来说："我小时候有着和你一样的经历，只不过我的父亲和你的父亲有很大的区别，他不仅没有夸奖我，反而认为我小时候就这样惹事，长大后一定会成为一个小混混，结果我就混进了监狱。"

再看另一个故事。在第二次世界大战期间，随着战争的深入，美国出现了兵力不足的情况。这时候，政府想到了关在监狱里面的犯人，决定把他们组织起来，送到前线去战斗。然而，这些犯人毕竟不是职业的军人，政府害怕他们被送到前线之后反而会拖后腿，起到相反的作用，因此决定找几个心理学家对犯人进行战前动员，并且和这些人一起上前线作战。心理学家们只用了一个很简单的办法就解决了政府担心的问题。他们让每一个犯人都给自己的亲人写了一封信，但是信里面的内容都是固定的，全都是告诉自己的亲人自己在前线多么勇敢，立下了多少战功的内容。随后，这些犯人就被送上了前线，然而没想到的是，这些人在战场上的表现一点都不逊色于职业的军人，真的实现了他们在信中所写的那些内容。

在故事中，我们可以看到，当一个人被贴上了某种标签之后，他就会下意识地按照标签去塑造自己，让自己的行为和标签相一致。在心理学中，这种现象被叫作"标签效应"。美国心理学家贝科尔曾经说过："人一旦被贴上了某种标签，就会成为标签中所标定的人。"这句话充分阐释了标签效应的重要作用。简单点理解，**标签效应就是说一个人被暗示能成为什么样的人，这个人就可能会成为什么样的人。**

心理学家克劳特曾经做过一个实验，证明了标签效应的确是存在的。他找到了一群受试者，随后要求这些人为慈善事业做贡献，而后根据做出的贡献多少，把他们划分为两种人，其中一种是有慈悲心的人，另一种是没有慈悲心的人。过了一段时间之后，他发现那些有慈悲心的人，经常会去做一些善事；而那些没有慈悲心的人，果真也基本上没有做任何善事。这就充分证明了人们会朝着自己被贴的标签的方向发展。

在现实生活中，标签效应是普遍存在的。比如，在碰到困难的时候，一些人可能会因为某些原因而并没有战胜困难，在这种情况出现几次之后，这个人的心里就会形成自己不能战胜困难这样的想法，当以后再碰到某些困难的时候，即使本身有能力战胜它，也会因为自己心里给自己的暗示而对困难低头。再比如，有些人的身体明明很健康，但是周围的人却总是说他像是有什么病一样，久而久之，这个人自己都会觉得自己有病。

那么，到底为什么会出现标签效应呢？心理学家认为，这主要在于标签的导向性作用，一个人最后到底会发展成什么样，与人的"个性意识的自我认同"有很密切的关系，人们认同自己成为一个什么样的人，可能就会成为一个什么样的人。而标签，无论是好的还是坏的，都对人的"个性意识的自我认同"有着很深刻的影响，它会让人们的自我认同转变成对标签的认同，所以人们才会朝着标签所标明的方向去发展。当一个人被贴上标签之后，就相当于有了一个明确的目标，虽然这个目标并不是自己定的，但是它依然会刺激人们向着目标前进，而人们其实是在不知不觉中就朝着"标签"前进了。

我们可以发现，标签是人为贴上的，那么人们是不是可以借助标签效应的作用来帮助别人或自己获得成功呢？答案是肯定的，只要能够正确地运用标签效应，帮助一个人获得成功并不是问题。但是，这需要一定的方法来配合才能够实现，不是说你告诉别人他将来能够成为总统，他就可以做到的。

首先，需要找到一个适合的标签，不能把一个不适合的、明显好高骛远的标签贴到人的身上。比如，面对一个热爱足球的人，你可以说他将来一定会成为一个优秀的足球运动员，甚至是足球巨星，而不是暗示他将在篮球等其他运动上获得多大的成就。其次，要设定好贴标签所要用到的暗语。这里要注意一点，暗示的语言必须是肯定的，比如你一定能怎么样、我肯定也能怎么样等。最后，要把暗示性的语言融入日常生活当中。想要产生标签效应的作用，就不要直接对别人或自己说能成为什么样的人，而是要在生活中经历了某些事情之后，在不经意间说出来，这样才能够达到最好的效果。但是要记住，说暗示语言的时候一定要说清楚。

在日常生活中，人们经常会说到一个词语——"激将法"，就是指用一些别人不喜欢听到的东西来促进这个人努力。有研究表明，合理地运用标签效应，也能够起到激将法的作用，即用一个错误的、不公平的标签来激发出一个人觉得不公平的心理，让其产生斗志，做出与标签内容相反的行为，最终达到"激将"的目的。但是，这种方法是不能够随意运用的，如果真的想要让一个负面的标签产生正面的作用，必须要满足两个条件：第一个是被贴上了标签的人明确地知道自己被贴的标签是不公平的，是不负责任的；第二个是被贴标签的人有较强的个性和独立自主的意识，知道自己该干什么，知道自己想要什么，更清楚地了解自己的能力。

在现实生活中，每个人都希望自己能够取得成功，过上让别人羡慕的日子。但是在很多时候，人们总是觉得自己距离成功非常近，但就是差了一点儿而不能达到目标。在这样的情况下，不妨利用标签效应来对自己进行暗示，给自己贴上标签，时刻提醒自己，暗示自己能够成功，这样或许就能够打破阻碍人们取得成功的最后的障碍。

为何我们都喜欢听甜言蜜语

人们容易相信自己所愿意相信的，这种现象在心理学上叫作"主观验证"。

什么是主观验证呢？我们都知道，在每个人的头脑中，"自我"永远是处在第一位的，它占据了人思想的大部分。所以与自己有关的事情，人们都会觉得很重要，都会格外在乎。人人都在追求一种自我存在感，人们所看重的自尊，人们所追求的个性，都体现了人们对于自我的重视。所以，当有些话是专门来描述你的时候，你就会很愿意接受它。即使它并没有完全准确地体现你自己，你也会在主观上愿意相信，它是符合你的，是体现了你自己的。这就是主观验证。

实际上，人们的性格特点主要是由基因决定的，而人的基因，从整体上看，都是很相似的，所以人的大脑也并不会相差太多，人的思维以及性格是具有共同性的。当然，每个人的基因序列组合不同，人的生长环境也不同，所以人又具有自己的个性。但这并不影响人的共性的存在。譬如善良、热情、乐于助人、向往自由等等，这可以说是大部分人都具有的。所以，当别人把大部分人都具有的一些特点说到一个人的身上时，由于人的"主观验证"，人们愿意相信这些观点是在说自己，心理就会受到暗示，找到自己与之符合的方面。就像是"你常常有自己的想法""你有些贪图享受，所以很多事情自己想要得到却没有得到"，以及"很多事情你没能如愿以偿，但是命里有时终须有，只要你努力，总会有一天得到你想要的"。这些话对于很多人来说都适用，但是当一个人用来形容你的时候，你就会倾向于接受它，即使你自己并不完全符合。

现在很多人相信算命，觉得算命先生很厉害，在根本不了解自己的情况下，就将很多事情说得很准。其实，那些人之所以认为算命先生说的都很对，很符合自己，其实是因为他们容易受到别人的暗示，然后自己进行了"主观验证"，主观上愿意相信算命先生的话。即使他们说的并不十分符合自己，自己也会找一些发生在自己身上的很偶然的事件来证明这一点很准。算命先生正是利用了人的这种心理。去算命的人往往是现阶段不太顺利的人，他们一般遇到了什么事情，心情很糟糕，对现阶段生活不满意，所以想从算命先生那里寻求一种"指导"，人在这个时候，依赖心理比较重，所以容易相信别人说的话。

有一个叫罗恩的法国人，他十分爱赌博。最近，家中年迈的母亲生病了，需要很多钱，但是他上个月全部的工资都被输掉了。

这天，他十分绝望地走在大街上，想不出任何办法，他想到了死。他觉得自己的人生是如此失败，妻离子散，亲人朋友都离他远去，没有任何积蓄，老母亲生病了，自己都没有一点办法。"死了一了百了吧！"他想着，沮丧地穿过街道，向河边走去。

然而，就在街道拐角，一位算命先生叫住了他："年轻人，你等等。介意我跟你说两句吗？"

"我没有钱。"罗恩说。

"没关系，我就跟你说几句话，不收你钱的。"老先生笑着说。

"反正我也快要死了，听两句也无妨。"罗恩想着，就走近了那个算命先生。

"你知道我为什么特意把你叫住，还免费给你算命吗？"

"为什么？"

"因为你是一个特别的人，你的前世是伟大的拿破仑！而这一世，如果你能不断努力，你也一定会有很大成就的。"

拿破仑在几乎所有的法国人心中都是一个超级大英雄，所以罗恩听到算命先生这样说非常兴奋。他想，自己如果能改邪归正，说不定真会有一番作为！于是罗恩辞别了算命先生，然后到码头做了搬运工，辛辛苦苦靠自己的双手挣了一些钱。

后来，罗恩用自己挣的钱到书店买了一些关于拿破仑的书，认真学习拿破仑的精神。之后，罗恩又勇敢地自己创业，他不怕困难，坚强地、踏实地走好每一步，几年后就拥有了自己的公司，成了一个成功的企业家。

以后，每当罗恩与人们谈起他的创业史的时候，都会讲关于这个算命先生的故事。他知道，自己并不是拿破仑转世，那个算命先生只是看到他当时太过颓废，所以想帮他一把。然而，正是由于算命先生当时并不准确的话，改变了他的一生。

故事中，算命先生的几句话改变了罗恩的一生。其实，我们都看得出来，算命先生所说的"你的前世是伟大的拿破仑"并不是真的。然而，在罗恩穷困潦倒、毫无希望的时候，却愿意相信这样的话。在这个故事里，算命先生的话起到了积极的作用。这也证明了，为何人们都喜欢别人的甜言蜜语——这些赞美和积极的话语，确实可以改变人的心境，进而改变人的命运。然而，在日常生活中，算命者并非都出自这样的善意，他们常常打着算命的旗号招摇撞骗。所以，我们还是应该时刻告诫自己，保持清醒的头脑，防止上当受骗。

再有个性的人，也会下意识地与大众保持一致

在《战国策·秦策二》中有一段这样的记载：昔者曾子处费，费人有与曾子同名族者而杀人，人告曾子母曰："曾参杀人。"曾子之母曰："吾子不杀人。"织自若。有顷焉，人又曰："曾参杀人。"其母尚织自若也。顷之，一人又告之曰："曾参杀人。"其母惧，投杼逾墙而走。夫以曾参之贤，与母之信也，而三人疑之，则慈母不能信也。

这段话描述的是一个关于"曾参杀人"的故事。春秋时期，在孔子的弟子曾参的家乡费，有一个人也叫曾参。有一天，这个曾参在外面杀了人，随后消息就传回了费。由于传回来的消息说的是"曾参杀人了"，并且在费，人们所说的曾参一般都是指孔子的弟子曾参，因此虽然没有人在凶案现场见证凶案的发生，但是人们却都认为凶手就是孔子的弟子曾参。于是，就开始有人把这件事情告诉曾参的母亲。

最开始是曾参家的一个邻居来向曾参的母亲报信，他是第一个听说曾参杀人了这件事情的。当他把这件事情告诉曾参的母亲之后，曾参的母亲没有任何过激的反应，反而是继续有

条不紊地织布。因为在曾参母亲的眼里，曾参从小就是一个乖孩子，长大之后又成了儒家大圣人孔子的弟子，怎么可能去做杀人这种伤天害理的事情呢。所以曾参的母亲根本就不相信这个邻居说的话。

过了一会儿，又有人来到曾参的家里对曾参的母亲说曾参杀人这件事情。这次，曾参的母亲依然坚信自己的儿子是清白的，所以仍旧在不慌不忙地织布。

没过多久，又跑来了第三个人，说的还是曾参杀人这件事情，并且说大家都在议论这件事情，曾参已经被官兵抓起来了。听到这里，曾参的母亲一下子就紧张起来，完全不像之前一样淡定了，因为她开始相信自己的儿子杀人这件事情了。她很难过，也很害怕，于是就想要逃走。

看完这个故事之后，我们不禁要问，作为一个母亲，对于儿子应该是百分之百相信的，无论什么情况下都是不应该怀疑儿子的。那么为什么曾参的母亲在被几个人告知"曾参杀人了"这件事之后，就真的认为自己的儿子杀人了呢？难道连她自己也觉得儿子是一个杀人犯吗？

事实当然不是这样的。从心理学的角度来说，曾参的母亲在最后之所以会相信"曾参杀人了"是事实，完全是因为受到了"从众效应"的影响。所谓的从众效应，是指在生活当中，个体在受到了群体的影响之后，开始怀疑和改变自己的观点，并且朝着群体一方变化的现象。也就是说，对于一件事情，即使人们心里面有自己认为正确的观点，但是一旦遭到大多数人的干预，这个观点也会消失，转而去支持大多数人的观点。实际上，这就是我们平常所说的"随大流"。

美国心理学家所罗门·阿希曾经在 1952 年做过一个著名的"从众实验"，实验的主要目的就是研究人们会在多大程度上受到他人的影响，而违心地进行明显错误的判断。在实验之前，他邀请的受试者在来到他的实验室时，发现里面已经有五个人在那里了，所以受试者只能坐在 6 号位置上。但是受试者却并不知道，其他五个人都是阿希的助手，也就是"托儿"。

实验的内容非常简单，就是比较阿希手中所拿的卡片上线段的长度。当然，并不存在线段的长度相等的情况，事实上，阿希所提供的线段在长度上有着明显的差距。这个过程被重复了很多次。

刚开始的几次，实验进行得非常顺利，大家的结论都是一样的。然而在几次之后，受试者发现，自己和其他五个人的观点开始不一样了，并且其他五个人的观点是一样的。这就让受试者感到迷惑，不知道是应该坚持自己的答案，还是选择与其他人相同的答案。这种情况出现几次之后，受试者就觉得，一定是自己判断错了，于是选择了和其他五个人相同的答案。

实验结束之后，阿希又找了很多受试者重复进行这个实验。最后结果显示，只有 25% 的人没有做出从众行为，其他 75% 的人都做出了至少一次的从众行为。这个结果表明，大多数人会为了与群体中的多数人保持一致而选择改变自己的观点。

从现实生活中来看，这个实验的结果也是非常正确的，因为人们都能感受到从众现象真的非常普遍。比如你周围的人都说某个人是坏人，不能和他接触，这时候你会怎么想？即使你知道那个人不是坏人，你也会尽量避免和他接触，因为你还需要和周围更多的人进行接触——如果和这个众人口中的"坏人"接触，很可能会造成其他人对你的疏远。

如此普遍的从众现象，会给人们带来影响吗？影响是必然的，任何事物的存在都会给人类的生活和整个社会带来一些影响，区别就是其带来的影响是积极的还是消极的。对于从众效应来说，它给人们带来的主要是消极的影响。比如从众会让人变得缺乏个性，缺乏独立的人生观和价值观，最后很可能会导致人迷茫、失落。从众是对科学的扼杀，科学的发展从来都是充满阻力的，这种阻力来自大多数人，如果所有的人都和大多数人保持一致，又何来科学上的创新以及各种发明创造呢？牛顿、伽利略等人又怎么可能会对人类的发展做出贡献呢？

当然，从众现象也有对人们起到积极作用的一方面，那就是它可以帮助一个人更迅速地融入一个集体。另外，如果说逃避惩罚对于人们来说也是一种好处的话，从众或许也能够做到这一点。

在个体将要进行从众行为的时候，总是会给自己找各种各样的理由，试图安慰自己，试图给自己一个合理的解释。然而却没有人发现，从众在大多数时候都是一种下意识的行为。也就是说，无论是在什么样的问题上，人们都会下意识地和大多数人保持一致。它和人们自己找的那些理由并没有多大的关系，只不过是每个人的心里面都有这种"应该从众"的想法，所以才会在面临选择的时候出现从众的现象。那么，从众现象产生的原因到底是什么呢？

第一，源于外界的压力。所谓"木秀于林，风必摧之"，当一个人的观点和大多数人都不一致时，必然会感受到巨大的外界压力，比如当一个科学家发现一种跟现实看法不同的真理时，往往就会受到整个社会的抵制。

第二，在一个群体当中，如果某个个体总是表现出与其他个体不同，往往就会受到群体其他成员的孤立，甚至会受到严厉的惩罚。在人们的潜意识当中，都是不希望自己被别人孤立的，所以人们总是下意识地选择与群体中的大多数人保持一致，避免自己被孤立。

第三，有时候从众也是一种带有目的性的主动行为，比如为了表示自己对群体中其他人的友好，为了融入群体等。从众，其实就是对别人观点的一种赞同。我们都知道，对于赞同自己观点的人，人们总是会感觉特别好。

第四，逃避自己被惩罚。所谓法不责众，当一个群体中的大多数人触犯了某个制度的时候，在处理的时候是不会下重手的，但是如果只是其中某个人触犯了制度的话，很可能就会被"杀鸡儆猴"。因此，从众是逃避惩罚的一个好办法。

每个人活着，都需要活出自己的精彩，活出自己的价值，一味地和别人保持一致是没有任何意义的。生活中的每个人都应该做到一点："走自己的路，让别人说去吧。"

你会不自觉地融入周围环境

环境对一个人的影响是巨大的，大到人的性格、人生观、价值观，小到人的日常行为，都会受到环境的影响而改变。换句话说就是人们总是会不自觉地融入周围的环境当中。

心理学上把人们总是不自觉地融入周围环境中这种现象叫作"剧场效应"。那么，为什么会出现剧场效应呢？按照专家的说法，当人们在剧场里面看电影或看戏的时候，个人的情感和意识很容易就会受到剧情的影响，人们会不自觉地被带入到剧情当中。比如，当人们在电影院中看一个悲剧影片的时候，很多人就会不自觉地把自己放到那个悲剧的角色上面，导致自己整个人变得悲伤起来。另外，整个剧场中的观众也会互相感染，这就像是从众效应一样，少数人的情感会被大多数人的情感所带动，使得整个剧场里面的感情趋于一致。比如，一个人在电影院看电影的时候，如果电影院中的大多数人因为看了电影而感觉到悲伤，那么这个人是无论如何也高兴不起来的。

这种现象在生活中是无处不在的。比如，一个人突然进入一个安静的环境当中，那么他会下意识地表现得非常安静，而不会去选择主动打破这种安静。再比如，一个人在球场看一场非常激烈的比赛，就算他对比赛本身不感兴趣，但是如果周围的人都看得热血沸腾，那么他也一定会感受到比赛的激烈，要是周围的人全都站立起来呐喊，他自然也会加入到周围的人当中。

在商业活动中，我们也会遇到销售人员利用剧场效应来推销产品的情况，他们的推销手段需要引起我们的注意。

曾经有一家清洗剂公司生产出了一款新的产品，因为当时的市场上并没有这个产品，所以没有人对这个产品有了解。因此生产公司认为，如果把这个产品贸然地投入到市场中的话，是没有人会购买的，那样的话公司一定会亏本。为了避免公司受到损失，公司老板决定先让销售人员带着样品去向公司现有的客户推销一番。

一般来说，推销员在推销一个产品的时候，大多数都只是介绍一些产品的数据、使用方法、与以往的产品或其他产品的区别等，当然也有实际试用的，但是有些东西即使试用了也并不一定能够看出和其他产品的区别，因此推销产品其实是一件非常难的事情，特别是推销像清洗剂这种与其他同类产品并没有本质区别的东西，大多数人都不会轻易相信推销员的说法。

因此，当这家清洗剂公司的老板把任务分配给销售员之后，销售员们都愁眉苦脸。但是，销售人员小赵却并没有像他的同事们那样痛苦，因为对他来说，推销清洗剂并不是一件艰难的事情，他有一套自己的方法让客户相信自己和自己推销的产品。

小赵推销产品的地方是一家商务中心大楼。他在和大楼的管理负责人接触的时候说："作为这幢大楼的负责人，您肯定希望大楼的内部能够保持干净和整洁，因为这会关系到你们公司的形象问题，进而也会影响到客源等很多问题。那么，想要让大楼保持干净和整洁，您一定是对既经济又有效的清洗剂感兴趣吧？"那位负责人点点头说："当然，为了保持大楼的干净和整洁，我们一直都在寻找效果非常好的清洗剂。"

随后，小赵拿出了自己公司的新产品，对负责人说："这是我们公司的新产品，相信一定会满足您的要求的，它能够迅速去除地板上和墙壁上的污渍，让您的大楼内部保持光鲜和亮洁。"

随后，小赵亲自示范了一下。"您看，只要把清洗剂喷到地板上面，然后用拖布擦一擦地板就会变得干干净净。"小赵一边说着，一边把手中的清洗剂喷到了地板上的污渍处。由于清洗剂渗透到污渍中需要几分钟的时间，而这个时间可能会导致客户对产品的印象变差，因此小赵又开始介绍产品详细情况，以此来转移客户的注意力，从而让客户忽略掉清洗剂渗透到污渍中的时间。

几分钟之后，小赵停止了对产品的介绍，指着刚才喷洒清洗剂的地方对客户说："您看，就这么一会儿的时间，清洗剂已经完全渗入污渍当中，接下来只需要用布，在这个地方一擦，就会变得非常干净。"随后，他拿出了一块抹布，将地板擦干净，并且指着已经擦干净的地方对客户说："您看，这效果多好。"

随后，他又掏出一块白布擦了一下刚才清洗干净的地方，举着一尘不染的白布对客户说："您看，用这个清洗剂擦地板就是这么干净。"之后，他又用白布擦拭了一下刚才没有清洗的地方，对客户说："您看，非常脏。"

就这样，小赵利用这种非常巧妙的方式，成功地把产品推销了出去。

其实，在这个故事中，小赵完全就是利用了剧场效应，才成功地推销出产品的。他成功地把客户引入到了自己创造的固定的环境当中，在这个环境中，只有小赵推销的这个产品，因此，当这个产品表现出了一定的性能之后，客户自然就会觉得这件产品非常好。另外，小赵不停地用语言进行引导也是非常重要的，它让客户的注意力一直都集中在产品上，并且一点一点地让客户与自己的观点保持一致，同时没有让客户跳出环境当中，最终取得了成功。

这个例子也告诉我们，在社会活动中，我们一定要时刻保持警惕，避免因为一时疏忽，被别人引入到某种特定的环境当中，从而让自己遭受损失。

人们总是习惯于盲目跟从前人

我们可以回想一下，在现实生活中是不是经常有类似这样的现象发生：

如果去一个非常封闭的地方，你是不是会按照以前的人走过的道路去走，哪怕这条路到你要去的地方距离非常远，也不会考虑再找一条近的道路？遇到一个难题的时候，你是不是会下意识地去想以前的人是怎么解决的，而不是自己再去想一个新的解决办法？讨论问题的时候，你是不是会去想以前的人提出过什么样的理论，而不是自己去探索新的知识？处理事情的时候，你是不是会去遵守一些约定俗成的规则？

其实都不用去回想，只要仔细对周围的人进行观察就会发现，这样的事情是普遍存在的。那么，这到底是一种什么现象呢？

在心理学中，这种现象被叫作"毛毛虫效应"，指的是人们总是习惯于把自己作为一个跟随者，盲目地遵从前人的道路去行走，而不是自己去发掘新的道路，最终导致人们会像前人一样，消失在默默无闻的道路上。

这种现象之所以被叫作毛毛虫效应，主要是源于法国心理学家约翰·法伯用毛毛虫做的一个实验，法伯正是利用这个实验揭示了"毛毛虫效应"这个道理。

法伯做的这个实验非常简单。他首先找来了一个花盆和一些松叶，又把一些毛毛虫首尾相连地摆放在花盆的边缘。随后在距离花盆不远的地方，撒下毛毛虫最喜欢吃的松叶。然后法伯就开始观察。

当毛毛虫被放在花盆的边缘之后，就开始一条接一条地绕着花盆爬行。虽然花盆边缘上的面积并不是很大，上面也没有毛毛虫喜欢的食物，但是这些毛毛虫仍然秩序井然，对于不远处的松叶视而不见，似乎是没发现一样，没有任何一条毛毛虫脱离大部队向松叶爬去。

原本法伯认为，毛毛虫之所以不爬向松叶，是因为它们不饿，只要感觉到饥饿，应该就会向松叶爬去。同时他还认为，这些毛毛虫一定会很快就厌倦了这样毫无意义的绕圈行动。但是过了一天一夜之后，法伯发现，所有的毛毛虫都还是按照原来的路径在爬行，没有任何一条毛毛虫脱离队伍，也没有任何一条毛毛虫去发现新的道路，寻找新的方向。就这样，那些毛毛虫一直围绕着花盆秩序井然地爬了七天七夜，直到全部死去，也没有向松叶爬去。从实验的结果来看，这些毛毛虫可能是饿死的，也可能是因为疲劳和绝望而死。

从实验中我们看到，这些毛毛虫完全是可以不死的，因为它们的食物就在不远处。在所有的毛毛虫当中，只要有一条毛毛虫能够改变方向，朝着松叶的方向爬去，那么最终的结果一定是所有的毛毛虫都会向松叶爬去，自然就不会有被饿死的后果。但是很可惜，所有的毛毛虫都只知道跟着前面的毛毛虫向前爬，完全不知道变通和改道。

正是因为这个实验，法伯才总结出了"人们总是习惯于盲目跟从前人，进而导致一辈子默默无闻"这种现象。后来，科学家们将这种现象命名为"毛毛虫效应"。

为了验证毛毛虫效应的准确性，一些心理学家用比毛毛虫更加聪明并且与人类非常相近的猴子重新做了一次实验。

在实验当中，实验者首先找来了5只猴子，并且把它们放到了一个特制的笼子当中。同时，在笼子的外面挂上了一串香蕉。猴子被关了一段时间之后，自然就饿了，这个时候有一只猴子发现了挂在笼子外的香蕉，于是它伸手去抓。

但是，这只猴子想要拿到香蕉并不容易，因为笼子是特制的，一旦猴子的手碰上香蕉，就会有热水泼到猴子的身上。显然，第一只去拿香蕉的猴子被烫到了。之后，这只猴子就回到了猴群当中，开始与其他的猴子进行交流。虽然实验者并不清楚这些猴子到底在说什么，但是应该可以想到是在讨论被热水烫到的事情。过了一会儿，又有一只猴子从猴群中走出来去拿香蕉，它的胆子似乎比较大。但是，结果仍然是相同的，这只猴子同样被烫到了。随后这些猴子继续讨论，最后似乎是达成了某种共识，再也没有一只猴子去拿香蕉了。

一段时间之后，实验者将笼子中的其中一只猴子放了出来，同时换了一只新的猴子进去。然而，当这只新的猴子去拿笼子外面的香蕉时，却遭到了其他猴子的阻拦。随后，实验者又陆续把最开始的几只猴子全都替换了出来，然而，每次替换，笼子里面的猴子都会阻拦新进来的猴子去拿香蕉。

就这样，等到最初的5只猴子全都被替换之后，实验者也撤走了泼洒热水的装置。这就意味着，如果笼子里面的猴子再去伸手拿香蕉是什么问题都没有的。但是，奇怪的事情发生了，虽然现在笼子里面已经没有了当时经历过被热水烫的猴子，它们却仍然不敢去伸手拿笼子外面的香蕉，哪怕是去尝试一下的都没有。

这个实验表明，虽然这些猴子都没有被热水烫过的经历，但是它们却坚定不移地遵循着前辈们的经验，哪怕是实际情况和之前已经有了很大的差别。

通过实验，我们能够得到这样一个结论：**在传统的规则面前，人们大多习惯于去遵守而不是去质疑。**这就说明，毛毛虫效应是真实存在的。

从实际生活来看，毛毛虫效应不论是对个人还是对整个社会，都会产生一定的负面影响。一方面是它会导致人们只知道走过去的老路，缺乏创新精神和发现精神，最后很可能会导致人就像毛毛虫一样，明明有吃的却不知道去寻找，活活被饿死。另一方面是整个社会如果都只知道走过去的老路的话，就会缺乏生机，变得死气沉沉。

那么，造成这种情况的原因到底是什么呢？

第一，人们思维的惰性。对于个人来说，继承传统远远要比推陈出新来得容易得多，也轻松得多，人们当然更愿意做简单的事情，做一件事情的时候也更愿意选择简单的方法。这其实就是人们思维的惰性。

第二，源于人们的目光短浅。从某种角度来说，人们更关心的是当下，毕竟未来还很遥远，因此对于一件事情，人们更关心的是能不能马上就解决，而不是立足发展，着眼未来，开拓创新。

第三，害怕风险。做任何事情都会有风险，这也是创新将要面临的最大问题。我们都知道，所有的新知识，所有的解决事情的新方法，都是在无数次的尝试和失败中总结出来的，这些尝试和失败都意味着人们将面临非常大的风险，一不小心就会"粉身碎骨"。但是延续前人的传统、继续走前人的道路就不一样了，前人的东西都是成熟的，完全不用承担任何风险。

第四，人们缺乏打破陈规的胆识和魄力。不遵从前人的规矩，而是选择打破陈规，需要承担的东西是很多的，这会给一个人带来无穷的压力，这种压力是很多人无法承受的，一旦失败，后果也是人们无法承受的，因此有很多人还没有面对这种压力就已经打退堂鼓了。

第五，缺乏创新思想。这是一种普遍的现象，很多事情，人们其实不是缺乏创新的能力，而是缺乏创新的想法。

第六，缺乏可行性的目标。我们所说的创新，目的并不是单纯地为了摆脱前人走过的老路，而是为了发掘出一条全新的、更具有优势的道路。但是，这样的道路其实也并不容易发现，或者说是并不多，因此虽然有很多人有创新的心理和意识，但是却根本找不到正确的道路和具有可行性的目标。

那么，人们应该怎样避免毛毛虫效应带来的负面影响呢？首先，要对自己有充分的了解，包括自身所具有的优势和劣势、自己所处的环境和状态等，这样才能够准确清楚地对自己所面临的情况以及前人所走的道路进行仔细分析，找出一条符合自身条件的全新的道路。其次，要明白与时俱进的道理，对于任何一件事情来说，前人走那样的道路，都是有一定的道理的，只不过是因为时代在发展，前人的道路跟不上形势的变化所以才被淘汰，但是它仍然具有很重要的参考价值。最后，必须要有创新精神，也就是说要在前人走出来的道路的基础上，根据整个社会的变化来改变自己的思维方式，用创新适应这个社会的变化。只有跟得上时代的步伐，才能避免毛毛虫效应带来的负面影响。

他人的看法会动摇你的意志

在现实生活中，人们总是会面临各种各样的选择，小到衣、食、住、行，大到工作、婚姻，其实都是一种选择。我们都知道，人们在面对这些选择的时候到底如何选择，是非常重要的，因为它必然会对一个人的一生产生深远的影响。就像是选择工作，如果选择了一个自己喜欢的并且非常有前途的工作，那事业就能够得到较大的发展，在未来取得成功的概率相对来说也就会大一些。如果选择了一个自己不喜欢的并且前景黯淡的工作，那么就没办法发挥自己的能力，也就很难实现自己的理想和志向，相对来说也不容易取得成功。所以说，能够做出正确的选择，对于人的一生来说是十分重要的。

一般来说，一个人在面对选择的时候，到底如何选择，是自己的事情，关系到的也只是自己的未来，所以应该完全从自己出发做出决定。但是，这个观点也就只能说从理论上看是成立的，在现实生活中，很少有人能够做到这一点。这里主要的原因就是：人是一种具有社会属性的动物，从来都不能只考虑自己，还要考虑其他的东西。在一个人的周围，必然会有很多需要在意的人，比如家人、亲戚、朋友等，当一个人在面临一项选择的时候，有时候并不能只是单纯地考虑自己，还要考虑周围的这些人。比如说选择结婚对象，人们或多或少都会考虑一下父母的感受，如果自己选择和一个父母不喜欢的人结婚，未来的家庭生活能够和谐吗？因此，现实中就会出现这样一种现象：当一个人在面临选择的时候，通常做的第一件事情就是去咨询周围的人的意见和建议，而不是完全根据自身的感觉和喜好去选择，甚至在有的时候，即使人们已经做出了选择，但是如果周围的人不赞成，那么就可能会受到周围的人的影响，进而改变自己的选择。

其实这是一种非常普遍的现象，基本上所有人在面临重大选择的时候都会遇到这样的问题。在心理学中，这种现象叫作"韦奇定理"，是由美国加州大学洛杉矶分校的经济学家伊渥·韦奇提出的，它的大意是**即使你已经有了自己的看法或做出了自己的选择，一旦你周围有十个朋友反对你的看法或选择，那么你就无法继续坚持你的选择，内心必然会动摇。简单点说就是他人的看法会动摇你的意志。**

韦奇定理在现实生活中，无时无刻不在影响着人们的看法和选择，有很多人就是因为受到了它的影响，从而错失了自己的发展机会。比如，曾经的世界第一首富保罗·盖蒂，就因为受到了别人的影响而改变了自己的选择，进而犯下了两个严重的错误，给自己造成了很大的损失。

　　保罗·盖蒂所犯的第一个错误发生在 1931 年，世界正经历严重的经济危机。在经济不景气的情况下，股票的价格也一直维持在非常低的水平。在当时，大多数人都不看好股票的发展。但是，保罗·盖蒂却认为，美国的经济基础是非常好的，只要能够挺过一段时间，国家的经济形势必将得到好转，而随着经济形势的好转，股票的价格必然也会大幅度地上升。于是，保罗·盖蒂花费了几百万美元，买了墨西哥石油的股票。但是，经济的恢复并没有马上发生，反而在他买了股票几天之后，股市还在继续下跌，股票的价格也一直都在下降。虽然股票的价格一直在下降，但是保罗·盖蒂却并没有任何的担心，因为他认为股票的价格已经跌到最低点了，接下来股票的价格是一定会上升的。但是，保罗·盖蒂周围的人却害怕了，他们认为股票的价格还会继续下降，这样的话，保罗·盖蒂的几百万美元很可能会血本无归，因此他们就开始竭力劝说保罗·盖蒂把他手里面墨西哥石油的股票全部卖出去，避免承受大的损失。面对如此多的与自己不同的意见，保罗·盖蒂不出意外地动摇了，于是他把自己手里面所有的墨西哥石油股票全都抛售出去了。但是，就在不久之后，保罗·盖蒂最开始预测的情况出现了，经济形势回升，墨西哥石油的股票价格暴涨，保罗·盖蒂遭受了巨大的损失。

随后的 1932 年，保罗·盖蒂又犯了一次错误。当时，他认为中东地区在石油方面有着巨大的潜力，他自然也想参与其中去赚钱。于是他就派出代表和伊拉克政府进行交涉，打算买下伊拉克的一处油田的石油开采权，在当时，这样的一个开采权只需要花费几十美元的低廉价格就能够得到。但是，就在双方进行谈判的时候，世界市场的原油价格却发生了波动，很多专家都认为如果这个时候投资中东石油，一定会吃大亏。为此，保罗·盖蒂的朋友们又一次劝说他赶紧放弃在中东投资石油的想法。于是，保罗·盖蒂再一次听信了他的朋友们的劝说，终止了与伊拉克的谈判。原本以为这件事情就这样不了了之了，没想到的是最后他还是得到了他当初看好的那处油田的石油开采权，但那已经是十多年以后的事情了，并且为了得到那处油田的石油开采权，他付出了 1000 多万美元。

从保罗·盖蒂所经历的事情中我们可以看出，韦奇定理对人们产生的影响是十分巨大的。那么，应该如何应对韦奇定理的影响呢？

首先，要明白一个道理，一个人拥有独立思考能力是非常重要的。我们可以想一下，古往今来，哪一个成功人士是没有自己的想法的呢。就像那些伟大的发明家，如果不是有自己的想法，又怎么会获得那些改变人们生活，甚至是改变世界的发明呢？

其次，要坚持自己的想法，但是不要拒绝听取别人的意见和建议。一个人的想法，总是会出现不完美的情况。因此在很多时候，听取别人的劝告和建议是很有必要的。另外，要明白一点，并不是所有的人都是有机会听别人劝告的，很多人在看到别人产生错误的想法之后，宁愿去看笑话，也不会去劝说。所以，不能为了彻底避免韦奇定理的影响就不听别人的任何意见和建议。

当然，这些只不过是应对韦奇定理影响的通常方法。其实我们只要记住一点，那就是一旦确定了自己的想法和目标之后，如果觉得这就是自己想要的，就一定要坚定地走下去，不用在乎别人的想法。这样的话，哪怕最终还是撞得头破血流，起码也能够得到经验和教训，为下一次选择打下坚实的基础。

对权威人物，你很容易会迷信

契诃夫曾经说过："有权威的人即使撒谎，也会有很多人相信。"所谓有权威的人，是指在某个专业、行业等领域内，具有一定实力、影响力的人士。或者也可以理解为在一定范围内权力很大的人。比如在一个公司，老板就是权威人士；在一个班级，老师就是权威人士。

在当今社会，我们的生活无时无刻不受着权威人士的影响。比如，我们去买一件非常重要并贵重的东西，都会通过各种渠道去听一些专家的建议，随后去购买专家看好的产品，这些专家其实就是权威人士。当病人去医院看病的时候，如果是一个普通的医生说"这病没得治了"，病人可能不会相信，但如果是一个专家断言"这病治不了"，那么病人可能就会放弃治疗了，因为这是权威人士下的定论。那么，到底为什么会出现这样的情况呢？为什么人们总是会受到权威人士的言论的影响呢？这主要是因为人受到了"权威效应"的影响。

权威效应是指**如果一个人有威信、地位高并且受人尊敬，那么别人就很容易重视这个人说的话，并且相信这个人说的话**

的正确性。人们经常说的"人微言轻，人贵言重"就是这个道理。

心理学家米尔格拉姆曾经做过一个"服从权威实验"，充分证明了权威效应对人的影响。实验总共有 42 个人参与，其中有 40 个人是受试者，另外 2 个人则是托儿：一个扮演权威者，一个扮演被惩罚的学生。

由于米尔格拉姆并没有告诉受试者实验的真正目的，因此，在开始的时候，实验是按照测量记忆和学习能力的方式进行的。实验是分开进行的，每次实验都有三个人参加，除了一个受试者之外，还有两个托儿。在实验中，受试者和托儿是见不到面的，主要是通过话筒进行交流。

为了保证实验结果的准确性，受试者会被安排作为老师去问学生问题，而扮演学生的托儿自然就会答错。这个时候权威者就会说答错的学生要受到惩罚，方式是电击，答错的次数越多，被惩罚的学生受到电击的电压就越大，一直到被惩罚的学生生命受到威胁为止。

被电击是很痛苦的事情，因此人们不可能也不喜欢无缘无故对一个无冤无仇的人实行电击，所以，按照正常情况来说，实验是很难进行下去的。毕竟一旦实验进行到最后，被电击的学生是有生命危险的，这种情况受试者肯定不希望看到，因此会提出实验不能进行下去。但是，最后的实验结果显示，在 40 个受试者当中，一共有 26 个将实验进行到了最后，这主要就是因为权威者的存在。

其实，在实验进行的过程中，很多受试者因为不希望看到学生被电击惩罚，所以会试图和权威者进行沟通，或者是放弃实验，而被惩罚的学生也会试图向受试者求助。但是，无论怎么样，权威者都要求受试者继续进行实验。在这种情况下，大多数受试者都选择服从权威者的命令，从而完成整个实验。

在实验中我们可以看到，从受试者的角度来讲，在被惩罚的学生生命受到威胁的情况下，权威者所发布的继续电击的命令明显是错误的。然而，即使受试者清楚地知道这一点，却仍然会按照权威者的说法继续进行实验。这并不是说受试者的内心非常残忍，而是说明了人们的一种天性，那就是相信权威者。在受试者的心里面，只要相信权威者的话，就一定不会出现问题，哪怕是这个问题已经威胁到了别人的安全。这就说明，在任何的情况下，人们都会迷信权威人物。

在实际的生活中，人们受到权威效应的影响是非常大的，其中最直观的表现就是权威效应会影响一个人做出的决定，而这种决定很可能会影响到一个人以后的发展，甚至是整个世界的发展。比如麦哲伦之所以能够完成大航海并且证明地球是圆的，就与权威效应对人的影响有十分密切的关系。

在当时的那个时代，麦哲伦想要证明自己的想法其实并不容易。一方面，天圆地方的说法已经延续了很长时间，早已经深深地印在了人们的脑海中，想要改变是一件非常困难的事情。另一方面，航海本身就不是一件简单的事情，需要很多方面的支持，比如金钱上的和政治上的，这一点是非常重要的，而这些恰好是麦哲伦不具备的。因此，麦哲伦想要通过航海证明自己的理论，必须要得到一些人的支持，比如西班牙的王室。而麦哲伦正是想要找西班牙的国王卡洛斯来支持自己。

但是，麦哲伦想要找国王支持自己也并不容易。在那个时候，受到哥伦布航海成功的影响，很多骗子都觉得有机可乘，于是就都想打着航海的招牌，来骗取王室的信任，从而骗取金钱。因此国王对所谓的航海家都持怀疑态度。为此，麦哲伦就想了一个办法，那就是利用"权威效应"说服国王。

这里的关键是要有一个权威人物，为此，麦哲伦邀请了著名的地理学家路易·帕雷伊洛和自己一块去劝说国王。路易·帕雷伊洛是一个久负盛名的人物，是当时公认的地理学界的权威，国王不仅尊重他，而且还非常信任他。

在国王面前，路易·帕雷伊洛历数了麦哲伦环球航海的必要性与各种好处，让国王心悦诚服地支持了麦哲伦的航海计划。虽然在麦哲伦的航海成功结束之后，人们发现了路易·帕雷伊洛的某些观点是不全面的和错误的，得出的某些计算结果也有偏差，但是这些都是无关紧要的。我们只要知道，正是因为权威的地理学家的助力，国王才相信了麦哲伦；正是因为权威的作用，才促成了麦哲伦全球航海这一举世闻名的成就。

那么，到底为什么西班牙的国王在听了路易·帕雷伊洛这个权威的劝说之后就同意支持麦哲伦航海了呢？或者说是权威效应到底是怎么样形成的呢？它为什么会存在呢？

一方面，这是出于人们自身的"安全心理"。通常来说，人们只有在心里面确定了一件事情没有风险之后才去做，而权威人物就是人们心里面的"定心丸"，权威人物赞同的事情，人们当然不会有任何的怀疑。另一方面，是由于人们的"赞许心理"，或者说是从众心理，因为权威人物的要求往往和社会规范相一致，按照他们的要求去做，不仅能够和整个社会保持一致，还会得到各方面的赞许，甚至奖励。此外，这里还有一个责任转移的问题，在一些情况下，如果人们遵从了权威人士的话，人们身上的责任就会转移到权威人士身上。

在现实生活中，权威效应的应用很广。如：许多商家在做广告时，高薪聘请知名人物做形象代言人，或者以有影响的机构认证来突出自己的产品价值，以达到增加销量的目的。另外，在辩论说理时我们也经常引用权威人物的话作为论据，以增强自己的说服力；在人际交往中，人们利用权威效应来达到引导或改变对方的态度和行为的目的。

那么，权威效应是可以随意应用的吗？或者说，只要人们运用了权威效应，其他人就一定会受到影响吗？当然不是，权威效应要发挥作用，需要受到一些因素的影响。

第一，要看权威人物的权威"属性"是否足够。权威人物的权威性越足，人们就会越迷信他说的话。比如，总统和镇长说话你肯定会听总统的，因为总统的权威更大。

第二，在权威性相同的情况下，人们与权威靠近的程度会影响人们迷信的程度。有研究者发现，当权威人物在人们附近时，迷信程度可以达到65%。当权威人物距离人们较远时，迷信程度就会下降到25%以下。

从现实情况来看，权威效应对人的影响是有利有弊的，毕竟权威人士的话也不一定都是正确的，即使是正确的也不一定符合自己的实际情况。因此，人们要辩证看待权威效应对自己的影响。

你的心情，受制于别人的境遇

　　某天晚上，甲因为粗心大意而忘记了锁门，结果导致放在屋子里充电的手机被偷走了。虽然其他东西一件都没有丢，但是甲仍然非常伤心，因为这是他第一次丢东西，并且对于他来说，损失一部手机的价值也算是很大的了。

　　第二天，甲伤心地去报警了，虽然明知道东西是不可能找回来了，但是心里面那一丝期望还是促使他来到了派出所。然而，当甲从派出所出来的时候，却一点都看不出来悲伤的样子，反而挺高兴。这是什么原因呢？难道是偷手机的贼被抓住了？手机被拿回来了？但是事实并不是这样的。

　　原来，在他去报警的时候，发现还有乙也在报警，而且也是前一天晚上睡觉的时候忘记锁门，丢了东西。可能是出于同病相怜的缘故，甲对乙丢了什么东西感到非常好奇，因此就向乙打听了一下。结果甲发现，乙的损失要比自己严重得多。乙在前一天晚上，同样也是丢了一部手机，但是他的手机的价值要远远高于甲的手机的价值，同时乙挂在房间里新买的羽绒服和钱包也被贼给偷走了。用乙自己的话来说，这个贼还算是讲一点良心，只拿走了钱包和钱，把里面的身份证和银行卡等东西留了下来。

听完乙的描述之后，甲当时就觉得心里面不再那么堵得慌了，豁然开朗起来。当然，这一点甲并没有表现出来，因为他也知道自己的这种表现有种幸灾乐祸的意味。按照道理来说，受到了很大损失的甲，应该是非常伤心的，并且作为一个性格内向的人，甲会伤心很多天，但是为什么在碰到乙之后，甲却那么高兴呢？到底是什么原因才使甲产生了这样的心理呢？

从心理学上来讲，甲之所以会出现这样的情况，主要是受到了"对比效应"的影响。对比效应也称感觉对比，是指同样一个事物或同样的一种情况，放在不同的背景下，会有不同的表现，或给人不同的感觉。就像是有一些东西，可能放在亮处会显得暗一些，但是放在暗处又会给人一种特别亮的感觉一样。故事中也是一样，甲与自己以前的经历对比，被偷手机这件事就是一个特别悲伤的事情，但是与乙的遭遇一对比，就显得无足轻重了，因此最后甲才会产生高兴的感觉。

从这个故事中，我们可以看出对比效应能起到的一个重要作用，就是让人获得心理平衡。此外，对比效应还能起到很多作用。比如，突出自身的优点，显露别人的缺点，进而达到自己的目的；把滞销的商品全都销售出去；教育别人；甚至可以找到活下去的动力；等等。

那么，为什么对比效应会产生这么大的作用呢？这主要是出于一种心理上的原因。从心理学的角度来讲，当两个有一定差异的东西在对比之后，一定有一个会被突出出来，而这个被突出出来的东西会极大地满足人们的心理欲望，进而让人们得到精神层面的满足。

那是不是可以说，只要我们在心情不舒服的时候都可以用对比的方式让自己感觉到满足，并且快乐起来呢？从理论上来说是这个样子的，但是这并不是绝对的，因为只有正确运用对比效应才能够取得这样的效果。也就是说，人们在使用对比效应的时候，必须要注意一些事情。其中最重要的就是要选择正确的对比对象，研究表明，只有对比的对象选择正确，才能够得到满足感，如果对比的对象选择错误，后果可能会非常严重。比如你心情不好，想要找个人对比一下让自己心情好起来，但是你却找一个最近总是碰到好事、心里非常高兴的人去对比，这样就会加深自己的挫败感，让自己更不快乐。另外，在对比的时候，应该找自己有优势的方面去对比，比如一个学习好的人要从学习不好的人身上找到优越感，但是他却不去和人家比学习，而是去和人家比体育，结果发现自己并没有人家优秀，反而让自己自卑。

我们在做事情的时候，在心里面会害怕自己不能成功，害怕不能够取得自己预期的效果，这种担心，导致人们在做事之前就已经产生了一种心理压力。在这种情况下，本来能做好的事情，到最后都不能取得预期的效果。这个时候就可以运用对比效应，首先在做事情之前找一个对比的对象，也就是与你做同样的事情但是失败的人，告诫自己，无论怎么样，自己都不会像那个人那样失败了，这样就不用产生担心的心理，反而能够用最饱满的热情去面对将要去做的事情。另外，就算最后仍然失败了也不要紧，还是去找一个对比的对象，告诉自己，即使失败了，相对于别人来说也是成功的，这样就不会在心里面产生失落感。

第七章

平心

太有进取心反而不容易成功

动机适中，最有利于行为表现

所谓动机，就是指人们做一件事情的内在动力，即一个人试图追求和达成自己目标的内在驱动力，它的高低会严重影响人们在完成目标时的各种行为表现。当动机强烈的时候，人们对于完成自己的目标就会有一个急切的愿望，这个时候人们在行为上的表现就会更加努力。而当动机微弱的时候，人们对于达成目标的愿望就不会非常迫切，在行为上的表现自然就会差强人意。那么，这是说明人们在完成目标的时候，动机越强烈越好吗？

可能有很多人都是这样想的，认为动机越强烈就越有利于人们在实现目标时有好的行为表现，越有利于目标的完成。然而事实却并不是这样的。研究表明，受到期望价值理论的影响，有时候动机过于强烈反而会对人们行为的表现有不良影响。也就是说，只有动机适中，才最有利于人们行为的表现。

期望价值理论是由心理学家阿特金森提出的，是动机心理学中影响力最大的理论之一。期望价值理论认为，动机并不是单独存在的，而是由目标成功的可能性以及人们能够从目标中获得的价值所决定的。一般来说，目标成功的可能性越大，完成目标后获取的价值越大，人们的动机就会越强烈。阿特金森曾经做过一个实验，很好地证明了自己的观点。

实验开始之前，阿特金森首先从学校中选择了 80 名学生作为受试者，并且把这 80 名受试者按照随机分配的方式平均分成 4 组，每组 20 人。实验的内容是让这 4 组学生完成相同的任务，但是在任务完成之后却获得不同的奖励。

在实验开始之前，实验者对所有的受试者说出了完成任务的奖励机制：第一组受试者在完成任务之后，只会有 1 个人获得奖励，也就是说获得奖励的人数只是第一组总人数的 5%。第二组受试者完成任务之后，前 5 名都能够获得奖励，也就是说获得奖励的人数占总人数的 25%。第三组受试者在完成任务之后，有 10 个人可以获得奖励，也就是说获得奖励的人数占总人数的一半，达到 50%。第四组受试者在完成任务之后，前 15 名的人都能够获得奖励，获得奖励的概率达到 75%。

当奖励机制设置好之后，实验随之开始。最后的实验结果显示，第二组和第三组的受试者完成任务的效果是最好的，而第一组和第四组的受试者完成任务的效果则相对要差一些。

我们可以对实验的结果进行分析：对于第一组受试者，因为只有 5% 的概率能够获奖，所以获得奖励的概率是非常低的，就算是完成任务，小组中的人（除那唯一的一人）什么都得不到，所以第一组受试者完成任务的动机是非常微弱的。而第二组和第三组受试者，因为得到奖励的概率并不低，当人们完成任务的时候很可能会得到一些东西，当然这需要一定的努力，并不是绝对的，所以人们的动机适中。而对于第四组受试者，因为完成任务之后得到奖励的可能性非常高，也就是说大部分人在完成任务之后都能够得到奖励，这种情况下受试者完成任务的动机应该是最强的。

按照一般人的想法来看，最后完成任务效果最好的应该是第四组的受试者，然而实验的结果却显示第四组受试者完成任务的动机虽然很强，但是最后完成任务的人却反而不如第二组和第三组多，这究竟是什么原因造成的呢？

出现这种情况的根本原因，就在于第四组受试者完成任务后，能够获得奖励的人数名额过于充沛。因为能获得奖励的人数多，所以在受试者心里面就会产生一种不用多努力就能够得到奖励的判断，同时人们又都有一种侥幸心理，认为自己一定不会是最倒霉的那五个人。在这种情况下，人们自然不会为了完成任务而付出自己的努力。

总之，实验结果表明，过强或过弱的动机都会对人们在完成任务时的表现以及努力程度有负面影响，只有动机适中的时候，人们的努力程度才最高。关于这一点，心理学家耶基斯等人也曾经从研究中得到了相同的结论。耶基斯等人的研究方向主要是动机水平、目标的难度以及解决问题的效率三者之间的关系。研究发现，当目标的难度水平一般时，人们的行为表现效率最高。当目标比较简单时，中等偏高的动机水平更有利于调动人们行为的积极性。当目标的难度比较高时，中等偏低的动机水平更有利于让人们的行为变得明确。

期望价值理论告诉我们，做任何事情都应该保持一种平和的心态，不能因为付出之后不一定得到回报就不去努力，也不能因为不需要太多付出就能得到回报而不去努力，也就是说不论在何种情况下都要在行为中表现出努力的态度，只有这样才能够更迅速地达成自己的目标。

能激励你的目标，必须是看得见摸得着的

心理学中，有一种现象叫作"近期目标效应"，即把一个远大的、不容易完成的目标，分解成无数个容易完成的目标，往往会起到意想不到的效果。从下面的两个故事中，我们可以清楚地看到这一点。

马拉松从来都是一项艰苦的运动，毕竟40多千米的路程考验的不仅仅是人们的奔跑技术和耐力，更是考验人们的意志力，因此，能够完成马拉松的人从来都是让人敬佩的。很多人的内心中都有着完成马拉松的愿望，却无法实现这样的壮举。但是，日本有一位名不见经传的矮个子马拉松选手山田本一，却分别在1984年的日本东京和1986年的意大利米兰国际马拉松邀请赛上两次夺冠。这件事在当时震惊了很多人，同时也让很多人都大惑不解，人们不明白为什么这个矮个子能够取得这样的成绩——要知道在早先的时候，这名日本选手经常跑不完马拉松。一直到十年之后，山田本一才在他的自传中说出了答案。原来，为了完成整段的马拉松路程，他使用了一种特殊的方法。在每次比赛之前，他都会事先把所有的路程都仔细地观

察一遍，并且每隔一段距离就会选择一个非常醒目的标志性建筑记录下来，然后以这些标志性建筑把40多千米的路程分解为无数个一小段一小段的路程，而那些标志性的目标建筑就成了每段路程的终点目标。当真正的比赛开始之后，他就会以自己最快的速度向着第一个终点冲去，到达第一个终点之后又会用同样的方式向着第二个终点冲去，就这样，他总是知道自己马上就要到终点了，因此就轻松跑完了全程。而他早先之所以完不成马拉松全程，是因为他总是把完成40多千米作为目标，终点的那个旗帜却遥不可及。这就是他前后成绩差距这么大的真正原因。

在"二战"期间，英国知名作家西华·莱德作为一名战地记者对战争进行报道。一次，因为运输机受损，坐在飞机上的西华·莱德被迫跳伞逃生，不幸的是，他降落在了缅甸和印度交界的一处丛林里面。当地的人告诉他，想要去印度最近的市镇，也要走225千米的路程，这对于从来都不喜欢走路的西华·莱德来说，几乎是让人绝望的距离。然而，为了能够活下去，他只能坚持着走下去。但是，西华·莱德并没有用悲观的情绪去面对这225千米的距离，反而是因为有过做心理医生的经历，知道如何调节自己的情绪。他一边走着，一边想"走完下一千米"。就这样，一边走，一边想，最终，奇迹发生了，西华·莱德虽然历尽艰难，却最终成功回到了印度。后来，西华·莱德这个"走完下一千米"的想法引起了不小的轰动，很多人都把西华·莱德的"走完下一千米"当成自己的行动指南。

从这两个故事中可以看出，山田本一和西华·莱德之所以都能够完成之前不能完成甚至是不敢想象的目标，主要的原因就在于对近期目标效应的应用。

那么，近期目标效应为什么会产生这样神奇的效果呢？这主要是在于一个大的目标被分解成无数个具体的小目标之后，让人们产生了一种看得见、摸得着的感觉，而对于看得见、摸得着并且能够给人们带来利益和回报的目标，人们总是会尽最大的努力去追求，并且在大多数的情况下都会实现。

其实，近期目标效应说明了现实生活中的一个很重要的道理，那就是做什么事情都要循序渐进，不能想着一步登天。每个人的能力都是有限的，但它是在不断增长的；因此人们给自己定下的长远目标，或许以后是可以完成的，但是现阶段的能力是绝对不足的。如果想要完成长远的目标，就必须要循序渐进。所谓的循序渐进，就是要根据自己的能力，先把长远目标中自己能够完成的部分划分出来，率先完成。在这个过程中，人的能力必然会增长，这样就能够继续完成其他一部分内容，如此循环下去，最终就能够实现自己的长远目标。而这样的方法，其实就是一种对近期目标效应的应用。

想要运用近期目标效应来达到自己的目的，必须要注意两点：第一点是要将大的目标分解成无数个小目标，第二点是每个小目标都必须要非常具体。第一点没什么可说的，如果不这样做的话就不能称之为对近期目标效应的应用，但是对于第二点，有人却觉得没什么必要。第二点究竟是不是必须非常具体的问题，很多人都想知道答案，于是就有人做了一项实验。实验的内容是分别选派两组人去跳高，两组人的身体素质差不多。首先两组人都跳了 1.2 米这个高度，随后实验者对两组人提出了不同的要求：要求第一组人要跳过 1.35 米，要求第二组人往高跳，但是没有具体高度。结果，因为第一组有一个明确的高度，所以他们全都跳得很高；而第二组因为没有明确的目标，大多数人都只是跳过了 1.2 米多一点。由此可以看出，一个具体的目标是非常必要的。

熟练掌握对近期目标效应的应用，对我们的人生一定有很重要的影响。人生就好像是一场马拉松赛一样，同样漫长，同样不容易到达终点、获得成功，想要完成这段旅途，并且是以成功者的身份完成这段旅途，就必须要学会把目标分解，把目标细化，这样我们就会更容易地到达成功的终点。

过度激励会适得其反

人们可能都碰到过这样的情况：自己在做一件事情的时候，如果在正常状态下，这件事情是能完成的，只不过要花费一定的时间，但是如果有人激励了自己之后，整个人就会变得兴奋起来，这个时候再完成这件事情的时间就会减少。然而激励却并不能总是达到这样的效果。比如一些运动员，在正常的情况下能够取得好成绩，随后在被鼓励之后超常发挥得到了第一名，得到冠军之后自然就会受人瞩目，这个时候激励他的人就会变得更多，然而在下一次比赛的时候却发现这个运动员取得了一个差得离谱的成绩。很多人都不明白，同样都是受到了激励，为什么会出现这样的情况呢？

从心理学上来说，这种现象叫作"倒U形假说"，也叫作"贝克尔境界"，指的就是一个人做一件事情，如果没有人激励他，那么他的心里就不会有任何兴奋的感觉，但是也能够把这件事情做好。如果受到一些激励，那么他的心里就会产生兴奋的感觉，这种感觉会让他产生出很大的动力去把整个事情做好。如果受到了非常多的激励，他的心里就会极度兴奋，但是这种极度兴奋带来的并不全是动力，还有非常大的压力，这种压力很可能使他不能完成自己本来能完成的工作。

在了解了倒 U 形假说之后，很多人都不明白其中的原理，或许我们可以从下面的这个故事中找到答案。

《荀子》中记载，有一次孔子带着他的弟子到鲁国的庙中参观。孔子看到了一个形状很不规则的器具歪歪斜斜地摆放在几案上，他并不知道这个到底是什么器具，于是就问守庙的人。守庙的人说："这就是那种君主放在自己的右边用来警诫自己的器具。"孔子说："我听说过这种器具，它叫作敧器，据说它在不注水的时候就会像现在这样倾斜，在倒入一半水之后就会直立起来，而注满水之后就会翻倒。不知道是不是这样的。"于是孔子对身后的弟子子路说："往里面注水。"子路取了水之后开始往里面加，发现果然和孔子说的一样，当注入一半水的时候，这个器具就会端端正正地直立在那里；而注满水之后它却翻倒了，等到里面的水流尽之后，它又歪歪斜斜地站在了那里。

孔子感叹说："哪里有满了会不倾倒的呢！"子路问孔子："难道就没有让它保持满水的方法吗？"孔子说："聪明圣智，就要用笨拙来保持它；功劳惠及天下，要保持谦让的态度；勇敢有力，要用怯懦来保持它；富有天下，要用节俭来保持它。这就是所谓的保持盈满的方法啊。"

在这个故事中，孔子教给了自己的弟子一个重要的道理，那就是"过刚易折，物极必反"，其实，这就是现实生活中最真实的自然法则。任何事物都应该保持一个度，在这个限度允许的范围内，进行适当的调节，才是最好的方式。比如一个人，如果长期保持着精神紧张的状态，那么接下来必将迎来一段精神松懈的时间，而这两种状态却都不是人们所希望看到的。因为长期的压力会使人们产生紧张的情绪，不利于人的发展；而长期的松懈则会让一个人失去奋斗的动力，同样不利于人的发展。因此，最好的办法就是在这两者之间找到平衡，随后根据实际情况进行调节，偶尔紧张或松懈一下，这样才是对人最有好处的。而这，其实就是倒 U 形假说所包含的道理。

倒 U 形假说最早是由美国学者威廉逊提出的。他认为，在一个国家经济发展的初期，区域之间其实并不存在多大的经济差异。而当一个国家进入高速发展之后，区域之间的经济差异就会不可避免地被拉大。当国家的经济发展程度达到一定的水平之后，区域之间经济的差异扩大的趋势就会停止，甚至会逐渐减小。由于这个变化的过程就像是一个倒 U 字，所以才被叫作"倒 U 形假说"。

后来，由于倒 U 形假说的特点，它渐渐被应用到了其他的领域，比如应用到管理学和教育学等领域当中。在管理学中，老板想让自己的员工尽最大的努力为自己工作，就必须要适当地进行激励或给予压力。而在教育学中，父母和老师想要让孩子努力学习，同样需要适当的激励，以及给予一定的压力。

虽然很多人都明白这个道理，但是在真正实施的过程中，人们往往会走入一种误区，那就是激励或压力越多越好，越大越好，然而事实上却并不是这样的。比如想让一个学生好好学习，人们都知道需要给学生一定的压力，因为如果没有压力，学生可能就会没有任何追求，这样很可能就会使学生放纵自己，因此很多人就会把许多压力都压在学生身上，逼迫学生学习，然而这种高压的政策往往也会带来相反的后果，因为无止境的压力最终一定会把学生压垮。所以，这种做法也是不可取的。最正确的做法，其实就是只给学生适当的压力，让学生在学习的过程中张弛有度，这样才能有利于学生健康成长。

倒 U 形假说给我们带来了一个很重要的启示，世界上所有的事情都是一样的，都需要保持恰当的限度，否则就达不到人们期望的效果。正所谓"水满则溢，月盈则亏"，人们做所有的事情都需要保持一个度，只有这样，才不会去遭受适得其反的恶果。

压力太大会让你发挥失常

经历过高考的人可能都遇到过这样的现象，原本一些在平时学习成绩非常好的人，在高考中却并不能取得让人满意的成绩，比如很多应该考上一本的人却只过了二本的分数线，甚至是连二本的分数线都没有过。通常人们会把问题归咎于发挥失常，认为是考试时的失误才造成了这样的情况。但是，心理学家们却并不这样认为。心理学家认为，一个平时成绩好的人之所以在关键的时刻总是掉链子，并不是发挥失常的问题，而是因为心理压力过大所造成的。在心理学中，这种现象被叫作"詹森效应"，指的是一个人可能平时的表现非常好，但是在关键的时候往往因为心理压力过大而导致发挥失常，不能够达到预期的成绩。

詹森效应来源于美国著名速度滑冰运动员丹·詹森。在那个时期，丹·詹森在速度滑冰领域可以说是一个了不起的人物，特别是在他的巅峰时期，基本上只要是他参加的比赛，他都会成为夺金热门。然而，虽然他总共参加了四届冬奥会，但是在他参加的前三届冬奥会上，留给他的只有无尽的伤心和遗憾。虽然每次奥运会上，他都会被当作是夺金的热门人选，但是现实总是那样残酷。他第一次参加的冬奥会是1984年的南斯拉夫萨拉热窝冬奥会，只是获得了速度滑冰男子500米比赛的第四名，遗憾地与奖牌失之交臂。第二次是在加拿大卡尔加里冬奥会上，雄心勃勃的丹·詹森本以为自己可以得到一枚金牌，没想到在比赛前一天他的姐姐去世了，这导致丹·詹森背负着巨大的心理压力来比赛，虽然他拼尽全力，但是无论在500米速滑还是在1000米速滑中，丹·詹森最后都失利了。第三次是在1992年的法国阿尔贝维尔冬奥会上，作为奖牌的有力争夺者，丹·詹森却仍然和奖牌无缘。第四次是在1994年的挪威利勒哈默尔，这一次仍然差一点就延续了他奥运会无牌的魔咒。在最开始的500米速滑的比赛中，丹·詹森出现了滑倒的情况，最后自然是没能够得到金牌；好在1000米的比赛中詹森顶住了心理压力，拿下了一枚金牌，成功地为自己的奥运会生涯画上了一个完美的句号，否则的话，可能他这一辈子都要感叹自己的悲剧命运。

后来，人们就根据丹·詹森的经历，总结出了詹森效应。在生活中，詹森效应大多会出现在高水平的运动员或成绩好的学生身上，虽然不能说是十分普遍的现象，但也算是比较常见的。

詹森效应在中国运动员身上也曾经发生过。在2000年的悉尼奥运会上，中国体操运动员李小鹏获得了双杠项目的金牌，在 2003 年的世界体操锦标赛上，双杠项目的金牌同样被李小鹏收入了囊中。因此，在 2004 年雅典奥运会开幕之前，所有人都对李小鹏寄予了非常大的希望，期待他能够在双杠项目上卫冕。然而，在雅典奥运会的双杠比赛中，赛前被寄予厚望的李小鹏最终却发挥失常，只获得了一枚铜牌，这让很多人都非常失望。从前两次世界大赛上的表现来看，在双杠这个项目上面，李小鹏是有夺金实力的，这一点没有人能否认。那么，他到底为什么会出现发挥失常的现象呢？对于这个问题，在赛后，李小鹏自己也给予了正面的回答，他认为自己之所以会发挥失常，主要是因为当时心理上有非常大的压力，导致了心情非常紧张，最终才没能够发挥出自己的真正水平。可以说，李小鹏的这次失利，正是詹森效应发挥作用的体现。

从实际情况来看，詹森效应对于人们的影响主要是表现在不好的方面，最直接的影响自然是使人们无法在关键时刻取得满意的成绩。还有一点是它可能会增加人的心理压力，并且打击人的自信心。当一个人在做一件十拿九稳的事情却没有成功之后，自然就会产生非常大的心理压力，而这种心理压力很可能会导致一个人在下次关键的时候仍然出现发挥不好的情况，这样无限循环下去，人的自信心早晚都会被消磨殆尽。

既然詹森效应的影响是负面的，就说明人们必须要尽量避免詹森效应对自己产生影响。而想要做到这一点，首先就是要找到詹森效应产生的原因。那么，究竟为什么会产生詹森效应呢？

前面说过，詹森效应产生的直接原因是人们的心理压力过大。那么，为什么人们会感受到非常强大的心理压力呢？这一点应该归结到人的心理素质上。一般来说，在关键时刻总是有非常大的心理压力的人，心理素质都是比较差的。而一个人的心理素质不好，自然也是有原因的，关键在于两点：一是得失心过重，对于成绩看得过于重要；另一个就是自信心不足。对于成绩看得重要，这一点很好理解。一个在平时成绩非常好的人，自然就会像众星捧月一样受到重视；而受到重视的人自然而然就会产生一种心理优势；尝到了甜头之后，这种心理优势就会不断地告诫人们，自己一定要继续保持这种优势，这样自然就会对成绩看得非常重要。另外，无论在什么时候，周围的人都是一种不可忽视的因素，特别是周围的亲人、朋友的期望，更是人们所重视的；因此这无形中也会让人们更加重视成绩。两者叠加，得失心自然会强烈。而在自信心方面，一旦缺乏自信心，在关键时刻就会产生怯场的心理，自然会束缚人们对自身的能力和潜力的发挥。

可能也会有人质疑，为什么我们能够这么肯定地说詹森效应的产生是因为心理因素呢？对于这一点，其实很容易理解。首先我们要明白一个道理，那就是雄厚的实力与良好的成绩之间，应该是一个呈正相关的关系，也就是说如果有了雄厚的实力，那么在关键时刻是完全有能力取得非常好的成绩的。如果拥有雄厚的实力却总是在关键时刻掉链子，当然就要从其他的方面找原因。从种种情况来看，实力雄厚却在关键时刻失误的原因就只剩下了心理问题。

找到了原因之后，我们就会发现，想要避免詹森效应对人们的影响，办法其实很简单，就是培养良好的心理素质，同时也要增强自信心。不论是良好的心理素质，还是强大的自信心，都是非常重要的。2004年雅典奥运会的女排比赛，最后获得冠军的是中国队。对于那场比赛，看过的人一定都会记忆犹新，中国队最后能够3比2赢下比赛是非常不容易的。要知道，中国队是在两局落后的情况下连扳三局最终实现逆转的。在两局落后之后，中国队的队员们并没有放弃，在第三局领先的时候被追平也没有慌乱，由此可以看出中国队队员们的心理素质是非常好的。而赢下第三局又给队员们带来了很大的信心，最终一鼓作气逆转夺冠。

那么，应该如何培养优秀的心理素质和强大的自信心呢？或者说具体应该怎样避免詹森效应呢？

第一，注重过程，淡化结果。首先要明白，无论是什么样的赛场，都没有什么可怕的，虽然常说赛场就相当于战场，但是赛场毕竟不是战场，不会真的出现生命危险。另外还要明白，只要在过程中不出现问题，就一定能取得好的结果。所以，不要总是去考虑结果，把更多的精力集中在过程上，这样既不用面临心理压力，也能够更好地完成整个过程。

第二，时刻保持专注。如果一个人能够专注到极点，他的心里面是不会产生任何牵绊的，也就是说，不会受到任何心理干扰。这种情况下自然就把关键时刻失误的可能性降低到最小。

第三，加强综合训练，提高自身的实力。无论怎样，强大的自身实力才是根本，只要把自身的实力完全发挥出来，任谁也不能阻挡目标的实现。

第八章

通透

在人际沟通中看懂人心

让对方感到自己很重要是拉近关系的一把钥匙

亚伯拉罕·林肯是美国第 16 任总统，他出生在一个贫苦的家庭，父亲曾是一个鞋匠。由于家境贫穷，林肯受教育的程度不高，为了维持家计，他曾做过摆渡工、种植园的工人、店员和木工等。然而就是这样一个普通的人，后来却成了美国的总统。

竞选总统的时候，林肯站在演讲台上，人们问他有多少财产。林肯说："我租了三间办公室，里面有一张桌子、三把椅子和一个大书架。我有一位妻子和一个儿子，除此之外，我还有你们！除了妻儿，我实在没有什么可依靠的，唯一可依靠的财产就是你们！"

人们问出这个问题的时候，本以为林肯会像其他竞选者一样，说自己会有多少美元的存款，拥有多少亩田地；林肯这样回答，让大部分人都没想到，同时这些人也都非常感动——像自己这样的如此普通的平民，居然在总统候选人的心中很重要，这是多么光荣和温暖的事！

出身贫寒的林肯走平民路线，将每一个普通国民都看得很重要，而他也正是靠着这一点赢得了广大人民的信任和支持，当选为美国总统。

玫琳凯·艾施女士是一个成功的企业家，她创办了全世界知名的大型化妆品跨国企业集团"玫琳凯化妆品公司"。她曾讲述了一个发生在自己身上的故事。

很多年前，她曾开着一辆已经很老的汽车，到福特汽车的展示中心去，想买一部黑白相间的新轿车。可是到了那里之后，业务员因为看着她开着一辆如此老旧的车子来，猜想她没有钱能够买得起那里的车子，所以就对她非常冷淡。因为临近午饭时间了，业务员就托辞自己要去赴一个午餐约会，没有招待她。玫琳凯女士想着直接见业务经理，然后赶紧买完车赶回家去。但是业务经理碰巧也没在，所以玫琳凯女士只好到街对面的 Mercury 的汽车展示中心去看看。

一走到 Mercury 的汽车展示中心，就有一位年轻的小伙子接待了她。年轻的业务员十分诚恳、热情，详细询问她的购买要求，又对展厅的车做了介绍。该中心当时正展示着一辆黄色轿车，玫琳凯十分喜欢，只是价格有些高，超出了她的预算。她感叹道，要是能够买下这辆车送给自己当作生日礼物，也很好了。原来，那天正好是玫琳凯的生日。

年轻的业务员听到这里，就礼貌地说自己有事需要暂时离开一下，很快就会回来。没几分钟，业务员就拿着一束新鲜的玫瑰出现在了玫琳凯女士面前，并真诚地祝她生日快乐！

玫琳凯十分意外，她连声感谢那位年轻的业务员，感谢他对自己这么好。年轻的业务员笑笑说："您客气了。您对我们如此重要，我们应该这样做。"

"您对我们如此重要"这句话触动了玫琳凯女士的心，自己受到了如此的礼遇，玫琳凯女士很感动，当场就买下了那辆黄色轿车。

美国著名哲学家约翰·杜威曾说过，人类本质里最根本的驱策力就是希望自己对他人是重要的，自重感是人类本性中最强烈的冲动和欲望。渴望得到他人的重视是人类的本性。当你让别人感受到你是重视他的，他才会尊重你、喜欢你。

那么如何才能让别人觉得你是喜欢他的，他很重要呢？

首先，如果你和一个人说话，就选择对方较为感兴趣的以及对方较为擅长的话题，这样能够激起对方的交谈热情，交流过程才会顺畅。如果你和一个人说话，对他不感兴趣或者不擅长的话题大谈特谈，根本不顾及他的感受，他就会觉得你不在乎他。

其次，当你面临的交谈对象不止一个的时候，就要寻找大家共同关心和感兴趣的话题。要尽量做到不忽略每一个人的发言。这样，就不会有人感到自己受到了冷落。

最后，在交谈的动作细节上也要注意。当你和一个人说话的时候，要注意彼此之间的说话节奏，不能自己一直说，让对方一直听着。自己也要善于倾听，给对方表达的机会。说话过程中要真诚地看着对方，不要心不在焉。别人说话时，不能随意打断。另外，要注意欣赏和赞美别人。

总之，如果你需要接近一个人、说服一个人，就要让他知道，他对你来说很重要！

想和一个人拉近关系就和他做邻居

1950 年，美国三位社会心理学家为了研究距离与人们交往的关系，调查了麻省理工学院 17 栋已婚学生的住宅楼。他们调查的住宅楼是二层楼房，每层住了 10 户，分为 5 个单元。由于学生流动性比较大，因此，他们住到哪一个单元，或者哪个单元的住户会搬走是很随机的。心理学家们的调查问题是："在这栋住宅楼中，你经常交往的或者最亲密的邻居是谁？"结果显示，总体上讲，住得越近，人们交往的次数越多，关系就越亲密。比如隔壁的邻居交往的概率是 40% 以上，而隔一户之后，交往的概率则只有 20% 出头。

同在一栋楼，紧邻或者隔一户，距离变化并不大，交往的概率却相差甚远。为什么会这样呢？这是因为"邻里效应"的存在。距离能够影响人们相互之间的情感，人们普遍存在一种建立和谐关系的愿望，也就是人们常说的"远亲不如近邻"。

一位单身女子刚刚搬到一个到处都是简易住房的街区，与一个单亲妈妈及其一双儿女相邻而居。

一天晚上，那个街区突然停电了。好在那位单身女子已经提前买了蜡烛，以备不时之需。她正准备去找蜡烛时，门外响起了敲门声。单身女子打开门，发现门口站着邻居家的小男孩。

"阿姨，请问你家有没有蜡烛？"小男孩紧张地问单身女子，他双手背在身后，目光里充满了羞怯。

单身女子心想："我能看出他家很穷，可是没想到他家居然穷得连蜡烛都买不起。如果我今天借蜡烛给他，说不定他下次还会来借，所以还是不要借给他为好。"想到这里，单身女子冷淡地对小男孩说："没有！"说完，单身女子就要把门关上。

"真的被我猜中了！"小男孩微笑着说，然后把双手伸到单身女子面前，只见他手里拿着两根蜡烛，"妈妈和我怕你没有蜡烛会害怕，所以我就带了两根来送给你。"

单身女子听完，先是觉得万分惭愧，然后激动地将小男孩拥入怀中。

从那之后，单身女子总是会关注自己的邻居，也希望自己能帮对方做些什么。一天晚上，门外响起了敲门声，紧接着是那个小男孩焦急的声音："阿姨，你睡了吗？我妈妈病了。"单身女子马上开了门，跟着男孩到了他家里。他的妈妈发了高烧，身体十分虚弱。看到这种情况之后，单身女子赶紧把自己备用的退烧药拿给这位妈妈，然后跑到街区门诊叫医生。

医生走了之后，单身女子留下了，她安抚两个孩子，照顾他们的妈妈，一直到深夜。

经过这件事，两家的关系更加熟络了。平时单身女子有了什么好吃的，都会给两个孩子送一些。逢年过节，他们还会在一起吃饭，好不热闹。

小男孩和自己的妈妈主动关心自己的邻居，他们之所以这么做，最主要的原因就是出于对新邻居的善意，希望邻里之间亲密相处、相互帮忙。小男孩的热情和善意，感染了这位原本冷漠的单身女子。人是社会性的，任何正常的人，内心都希望和自己身边的人亲近，都希望生活在和谐友爱的环境中。

人们总是迈不开社交的第一步，害怕被拒绝，害怕受到冷遇。邻里之间，大可不必担心这些。距离能够让人内心产生一种亲近感，更容易接受对方，更愿意和对方相处。邻里之间，都希望相互有个照应，你迈出第一步，对方很可能就会向你打开心扉，这样一来，友好的邻里关系就建立了。自在舒适的邻里环境不仅会让我们觉得温暖，还会给我们带来帮助。

乔丽在一个街角开了一家家具店，她也住在附近，她的楼下是小区警卫的住处。

这个小区出租房比较多，新搬来的房客一般都需要买一部分家具，他们不熟悉附近的情况，就会问警卫："这附近有卖家具的吗？什么价钱？"每一次大门口警卫给出的答案都是："出门西走，走到路口左转有一个'乔丽家居'。"房客们觉得乔丽的店离住处比较近，运家具很方便，再加上她的家具性价比不错，一有需求就会去找她。

结果乔丽在大楼住了不到三年，她的生意已经因为警卫的推荐翻了好几番。要知道，出了小区往东走一站路，就有好几家家具店，但这些家具店的生意普遍不如乔丽的好。

有同行就问乔丽为什么警卫总是对她这么好，并把所有的生意都推给她。乔丽说："因为自从搬到这里，每天只要经过大门，我就会向警卫问好，有时间的话还会聊上几句。我没有把警卫当作看门的，而是当作邻家大叔。"

是的，乔丽不但逢年过节给警卫们送红包，平常有好吃的，也拿过去与他们分享，就好像亲人一样。

当时那个小区住了几百户，几位轮班的警卫平常也在一起拉家常，大家总是会谈到乔丽，都认为她好相处、很热情。所以，大家都愿意把生意留给乔丽。

在这里，乔丽便是"邻里效应"的受益者，她把楼下的警卫当作是相熟多年的老朋友，总是热情真诚地和他们相处。警卫们感受到她的善意，心里也产生一种亲近感，把她当成自己人，也就更愿意帮她的忙。

孟子曾说："乡田同井，出入同友，守望相助，疾病相扶持，则百姓亲睦。"这是多么美妙的场景啊！如果生活在这样的环境中，生活的舒适度一定会很高。所以，我们需要努力和邻近的人友好相处，主动伸出友好的手，付出自己的热情，收获邻里之间的融洽。

人与人的关系并不是越亲密越好

人与人之间的交往是一个大学问，接触少了，两个人就会彼此疏远，感情不会深厚。而接触过多，两个人又会因为过于亲密而觉得没有自己的空间。

有这样一则寓言：在一个废弃的院子里长着一棵石榴树，夏天的时候，它就会长出绿叶，开出好看的橘红色的花朵，漂亮极了。它已经在这个院子里待了很久了。一年前，不知道什么时候，风吹来了一些花籽，渐渐地，地上就长出了很多太阳花。太阳花五颜六色的，阳光好的时候，就会开得很茂盛，一副生机勃勃的样子。

这座院子已经废弃很久了，平常也没有人走动，只有孤零零的一棵石榴树和一片太阳花。它们经常一起聊天，石榴树很高，能看到房子外面的景象，所以经常给太阳花讲外面发生的趣事。太阳花总是兴致很高，是个非常好的倾听者。渐渐地，时间久了，它们成了无话不谈的好朋友。

可是，在它们之间，有一段距离。所以，每当它们说话的时候总要抬高了声音，互相扯着嗓子喊，很不方便。于是，它们决定互相靠近一些。它们觉得，靠得近了，交流会更方便，彼此之间的感情一定会更好。

于是，石榴树开始努力伸长自己的枝杈，而太阳花也渐渐地向石榴树那个方向蔓延。终于，石榴树蓬勃地生长，枝杈和叶子越来越茂盛，像一把大伞一样。而太阳花也已经蔓延到石榴树脚下。

彼此靠得近了，刚开始它们都很高兴，整天说话，感情确实加深了。然而，好景不长，这种情况渐渐地发生了变化。

太阳花喜欢阳光，它的生长和健康靠的也是阳光。可是，它现在长到了石榴树的脚下，头顶的阳光全被石榴树的枝杈遮挡住了，地上能够吸收的水分也越来越少。渐渐地，生长在石榴树底下的那些太阳花都枯萎了。它们一面为自己的枯萎而伤心，一面又怀疑石榴树是不是故意要害死它们，所以它们都痛恨起石榴树来，不再和石榴树说话了。

石榴树觉得自己很无辜，明明除了想要和太阳花靠近一些，别无他想，却被太阳花误会了，伤害了彼此之间的友情。后来，出现了一次强烈的狂风暴雨，石榴树因为想要为太阳花遮挡一些风雨，所以把自己的枝杈伸得很长，伸得很远，狂风暴雨之后，这些枝杈很多都被折断了。

在这则寓言里，不管是太阳花还是石榴树，它们都因为彼此靠得太近而受到伤害。太阳花的健康和生命受到了威胁，石榴树不仅被误解，受了委屈，还把自己弄得遍体鳞伤。而它们最初想要保护和发展的友谊最终也被破坏掉了。这一切都是因为靠得太近。

有两只刺猬，在寒冷的冬天里，它们想要抱在一起，彼此取暖。然而，当它们兴冲冲地跑向彼此，刚刚拥抱在一起的时候，就被对方身上的尖刺刺伤了。无奈，它们只能又分开。

可是，天实在是太冷了。它们于是又想试一试，它们觉得，只要靠近一些，能够感受彼此身体的热量，也能感到暖和，而只要不抱在一起，不接触对方的身体，应该就不会被刺到。

几次之后，它们终于找到了一个合适的距离：既能够彼此取暖，又不会彼此伤害。

现实生活中，人就像刺猬一样，身上也会长出一些"刺"，这些"刺"就是自我保护的意识。而人与人之间的交往就像故事中的这两只刺猬一样，既不能太远，也不能太近。每个人都是一个独立的个体，需要有一定的独立"空间"。每个人都有自己的隐私，有自己的想法。就像人们常说的"每个人都有自己的秘密"一样，每个人在别人面前都不可能是"透明人"，如果自己的所有东西都被人了解了，自己就没有了安全感。所以人与人之间交往需要一定的距离。距离不能太大，距离太大了，人与人之间就不能够很充分地了解，也就谈不上友谊和感情了。距离也不能太小，甚至没有，人与人之间没有了距离，没有了自己的空间，就会窒息，这样，人就会想要逃离。

心理学家曾做过这样一个实验。在一个早上刚刚开门的图书馆阅览室里，当里面只坐着一个读者时，心理学家走进去，坐在离他最近的座位上，然后观察他会如何反应。实验一共进行了 80 次，结果显示，绝大多数人都是自己默默走开，然后到远处别的座位坐下，其中还会有人明确地发出疑问："你想做什么？"也就是说，当在一个空旷的地方，有很多座位可选的时候，大多数人是不喜欢别人靠自己太近的。

从这个实验可以看出，人与人之间需要保持一定的空间距离。每个人会根据自己的感觉，在自己周围画出一个空间，这个空间是自己的"领地"，自己在里面会觉得安全，只要有人闯进来，就会产生一种威胁感和压迫感，人就会感到不舒服，想要逃离。

心理学家还划分出了不同关系的人之间能够接受的不同距离：像亲人、恋人之间，距离较短；朋友之间，距离就会稍长一些；而对于陌生人，距离就会更长。研究发现：距离过长，人们就会疏远；距离过短，人们就会排斥。这都不利于人们之间的交往。而中等程度的、较为合适的距离，才能在两者之间产生一种较强的心理吸引。

例如，很多男人感慨，"老婆是人家的好"，这就是由于自己和妻子每天都在一起生活，甚至彼此之间没有任何秘密，距离过近而产生了排斥心理。法国军事家戴高乐曾说过，"仆人眼里没有英雄"，也就是说，即使自己是个十分厉害的大英雄，在与自己朝夕相处的仆人眼里，自己也是一个平凡的人。就像现实生活中，普通人看那些大明星，觉得他们很神秘、很特别、很优秀，然而，在他们自家人眼中，甚至在他们家保姆的眼中，他们不过是一个平凡人。也就是说，人与人之间的距离不一样，人们的感觉是不一样的。

我们与朋友交往时，既要注重心灵上的贴近，又要保持一定的距离，以礼相待，这样才能形成良性的人际关系。

从不经意的动作中，看清最真实的他

人的注意力是一种很神奇的东西，你所注意和意识到的世界对于你来说，就是你的全部世界。只有进入到你的意识中的，被你注意到的事物，对你来说才是真实的。

注意力是人的意识对某一事物的集中指向，它是一切心理活动的基础过程。人们在不同程度的注意力下会产生不同的反应。

战争中，人们为了获得情报，往往会在敌军中安插间谍，这是战争中不可或缺的一个方面，也是关系到战争胜负的重要方面。间谍作为从事秘密工作的人，常常需要隐瞒、撒谎等，他们需要有强大的心理，需要时刻紧绷着自己的精神和注意力，不能暴露自己。

在"二战"中，有一个间谍与反间谍的故事。

当人在戒备心很强的时候，注意力会很集中，所以在很多小细节方面都做得十分严谨。然而，当他一旦放下了心里的戒备，放松了注意力，就很容易露出马脚。

有一次，盟军的反间谍机关收审了一个颇有嫌疑的"流浪汉"。这个"流浪汉"自称来自比利时北部，是一个农民。可是，从他的言行举动甚至是眼神，都能明显感受到，他绝不会是一个地地道道的农民。法国反间谍军官奥克多坚信他是一名间谍，而且来自德国。奥克多试图从很多方面寻找证据，但最后都没有结果。奥克多决定在审讯中寻找突破点。

审讯开始后，奥克多先向那位"流浪汉"问了一个十分简单的问题："会数数吗？""流浪汉"此时的注意力还很集中，警惕性很高，他开始用法语流利地数数。在用法语数数的时候，说德语的人在某些地方很容易出错，但是，由于"流浪汉"十分注意，所以他没有露出一丝马脚。奥克多就让人把"流浪汉"送回牢房去了。

过了一会儿，奥克多让人用德语大声喊："着火了！着火了！"正在睡觉的"流浪汉"听到了声音，但是为了伪装自己听不懂德语，就表现得相当镇定，没有一点反应。

后来，奥克多又特意找来一位农民，让农民和"流浪汉"一起谈论农事。"流浪汉"依然使用法语，而且说起农事来也是样样在行，任何破绽都找不出来。

第二天，奥克多让人把"流浪汉"再次带到了审讯室，顺利通过了一天的考验，"流浪汉"显得更加镇定而平静了。奥克多正在全神贯注地审阅一份文件，一会儿过后，他突然抬起头，用德语对"流浪汉"说："好了，我们误会你了，你可以走了！"听到奥克多这样说，"流浪汉"马上就长舒了一口气，微微仰着头，脸上露出了一种轻松愉悦的表情，终于放下了心里的负担。

然而，就是因为这一个不经意间露出的小表情，奥克多对这个德国间谍确认无疑了。后来，又经过多次审讯，"流浪汉"终于承认。

还有一个类似的真实的事情。

王大爷是某村小学的校长。有一天，一位中年妇女来到了学校，手里抱着很多画册。那位中年妇女在学校里到处乱走，却一句话也不说，别人跟她说话，她也是一副什么都听不到的茫然的样子。无奈之下，一个老师就把她带到了王大爷的办公室。妇女把画册摆在王大爷的办公桌上，用手比画着，做着各种手势。王大爷不仅说不需要这些画册，还跟那个妇女一样，做着简单的手势，告诉妇女，学校不需要这些画册。然而，妇女仍然不肯罢休。

这样的事情并不常见，王大爷想检验一下，看看那位妇女是不是骗子，于是借口有事先离开了。

过了一会儿，王大爷又回到办公室。此时，办公室里只有那位妇女。她正低着头坐在办公桌前。在走进办公室之前，王大爷不紧不慢，边细细观察，边故意推倒了办公室外的一个铁皮水桶，弄出了很大声响。结果，在这声响发出的同时，那位妇女也猛地抬起头，向门外望。

王大爷笑着走进去，再次跟那位妇女说，学校里不需要那些画册。那位妇女知道自己已经露出了破绽，王大爷不可能再相信她了，于是就默默地走了。

与德国间谍的故事相似，妇女装成聋哑人来学校推销画册，在开始的时候，一直都是注意力集中，时刻想着自己要做的事情。然而，当她精神放松下来之后，注意力分散，就会把伪装忘到脑后，露出最真实的自己。可见，我们想要检验一个人，就要想办法分散他的注意力，这样才会看到他最真实的反应。

从细节中发现对方是否在说谎

说谎是一种很常见的现象。通俗的理解就是，说与事实不相符的话。美国一名心理学家研究发现，人平均每天最少要说谎 25 次。这种说谎包括人出于礼貌而说的"你不胖啊""改天请你喝茶""有空给你打电话"等等。

说谎的动机有很多种，有的出于恶意，有的则出于善意。美国社会心理学家费尔德曼将说谎的动机大致分为三种。第一种，故意说好话，让别人开心，营造一种和谐的氛围。比如，你看到一位朋友的女儿，即使那个小女孩很普通，你为了使朋友高兴，会故意说："小姑娘真漂亮！"或者，你去朋友家吃饭，虽然朋友做的饭一点儿也不合你胃口，但你还是称赞道："饭菜很好吃，我很喜欢！"等等。第二种，夸耀自己，故意装派头。比如，你在公司只是一个小小的职员，但是你对一个并不了解你的人说，你是某某公司的经理。或者，你开着朋友的车去见客户，却骗客户说，这车是自己的。第三种，自我保护。比如你打碎了家里的碗，但是为了免受惩罚，而故意撒谎说碗是家里的猫打碎的。等等。除此之外，我们能想到的说谎，还有一种很严重，是出于完全的恶意，比如，为了达到某种犯罪目的而伪装自己，说谎骗其他人。

有一种善意的谎言，比如你对一个身患绝症的病人隐瞒他的病情，骗他根本没有什么大病，让他宽心。这种出于善意的谎言，是没有什么问题的。它不仅没有害处，还有好处。而除此之外的其他谎言，就应该抵制了。人不应该养成爱说谎的坏习惯，不然就很难取信于人。信任是人际交往的基础，人只有真实、诚信，才能获得他人的信任。

我们既不能自己说谎骗别人，也要善于分辨谎言，不要被别人骗。大部分人懂得不应该说谎的道理，一旦自己说谎，做不应该做的事情，就会产生罪恶感，会心虚。当说谎不会对别人造成严重的后果时，心虚的程度只有一点点，身体上因为心虚而表现出的不正常的现象相应地只有一点点。但是，当谎言会对别人造成严重的影响时，自己的罪恶感就会很重，心虚的程度就会很深，就会表现出极为不正常的身体反应。也就是说，说谎者越想掩饰自己真实的内心，越会变得不正常而露出马脚。

研究发现，说谎者往往伴随着这样的症状：因为心跳加速、血液涌进毛细血管而导致的脸红；因肾上腺素上升而出现的发热、冒汗；为了掩饰内心的不安而出现的不自觉地摸鼻子、嘴唇和耳朵等；因大脑集中在谎言上而导致的眼神慌乱，没有焦点；害怕语言前后矛盾，会过多思考，同时又希望谎话赶紧说完而出现的语速时快时慢；担心对方不相信自己的话，而故意东拉西扯，列举很多不必要的资料。

注意这些现象，就有利于我们识破谎言，免于受伤害。出现这些现象，最主要的还是因为说谎者心虚。心虚是所有说谎者都难以消除的。

宋朝时，刘宰任某县县令。有一天，一个大户人家来报案，这家主人丢了一支很贵重的金钗。刘宰经过初步调查断定，金钗是在主人自家的室内丢失的。而当时只有两个丫鬟在那个房间内。然而，这两个丫鬟都十分坚定地说自己没有偷拿金钗。

见此情景，刘宰既没有苦口相劝，也没有对她们用刑拷打，他只是将这两个人暂时关在了大牢里。两天过去了，也没有再次审问。等到第三天的时候，刘宰亲自去大牢里见那两个丫鬟。他手里拿着两根芦苇，给了她们一人一根，并对她们说："这是我从一位仙人那里求来的芦苇，它很神奇，能辨是非。谁要是偷了金钗，芦苇就会自己长出一寸来。你们各自拿好，明天我要根据它们断案。"说完，刘宰就轻轻松松地走了。

等到第二大，刘宰命人将两个丫鬟带到大堂上审问，两个丫鬟也依照命令，都带来了分给自己的那根芦苇。刘宰将两个丫鬟手里的芦苇对比，其中一根确实比另一根长出一寸。手中握着长出一寸芦苇的那个丫鬟刚想解释，刘宰已将头转向另外那个人了，他厉声问道："你为什么要偷拿主人的金钗？快如实招来！"那个丫鬟胆战心惊地跪在地上，然而，仍狡辩着："不是我拿的。您明明说谁拿了金钗，芦苇会长出一寸来，她的芦苇更长啊！"刘宰道："分明是你！这只是普普通通的芦苇，根本不会自己长长，而我最初给你们的芦苇是一样长的。现在你的短了，分明是你自己截了一寸。心中没鬼的话，你为什么要这么做？"听到这些，那个偷了金钗的丫鬟终于承认了自己偷拿金钗的事实。

刘宰只靠两根芦苇就分辨出了说谎者，运用的正是说谎者说谎时的心虚和恐惧。

当我们与别人交往时，对别人产生了怀疑，就要善于观察，从一些小细节着手，发现说谎者的心虚，判断一个人是否在说谎，让自己免于受伤害。

第九章

进阶

从平凡到卓越所具备的素养

心中培育"真爱"，孩子才有未来

很多父母都有这样的疑问，明明自己对孩子很好，孩子要什么就给什么，满足孩子的所有要求，生活环境和教育环境都很好，但是为什么自己的孩子在长大后却比不上那些生活教育环境一般的孩子呢？对此，心理学家也进行了研究。最终的研究结果表明，出现这样的问题的主要原因是父母给予孩子的并不一定是孩子真正需要的，也就是说，父母给予孩子的并不是"真爱"，虽然看起来这些父母已经无法再给孩子更深的"爱"了。

一个孩子到底能不能健康地成长，能不能在长大之后取得令人羡慕的成就和地位，与这个孩子的出身、生活环境等并没有太大的关系，而是主要看这个孩子在小的时候有没有得到"真爱"。

有这样一个故事。

在很多年以前，有一位大学教授曾要求自己的学生做一个调查，调查的内容是关于200个生活在贫民窟的男孩的背景和生活环境，同时教授要求学生根据实验结果对这些孩子的未来发展做出评估。结果，所有的学生都认为，这些孩子一点出头的机会都没有。如果不出现什么特别的奇遇，这些孩子这一辈子也就只能窝在贫民窟里生活。这些学生的评估结果应该和大多数人的判断结果是一样的，没有人相信这些孩子能够走出贫民窟，即使能走出去，估计也只有少数几个人，大多数孩子也只能够期望将来他们的孩子能够走出去。然而事实真的是和大家想的一样吗？

在多年以后，这份曾经的调查报告被另外一个教授发现了，他觉得这个调查非常有意思，同时也想要看一下当初那些学生对这些孩子的评估是不是准确，于是就叫他的学生去做了后续的调查，即调查当初的 200 个孩子现如今的生活状况。最后调查的结果显示，这 200 个孩子现在的生活状况与当初那些学生评估的情况简直是天壤之别，除了有 20 个孩子在当初的调查之后就搬出了贫民窟或去世，剩下的孩子当中，有 176 个人现如今都取得了非凡的成就。也就是说，真正符合当初那些学生预期状况的，恐怕只有 4 个人。

对于这个调查结果，教授感到非常惊讶。因为当初他的想法，是和最初的那些学生的评估结果相同的。这个结果引起了教授极大的兴趣。为此，他决定对这件事情进行深入的调查。

他亲自去拜访了当年那 200 个孩子中的一些人，并且询问了他们一个问题："我知道当初你的出身和生活环境等条件并不好，但是现在你却取得了很大的成功，能告诉我你成功的最大原因是什么吗？"结果那些被教授拜访的人都给出了同样的答案："因为我遇到了一位好老师。"

在无数次听到这个答案之后，教授对这位老师产生了兴趣。非常庆幸，这位老师当时还健在，并且身体还很不错，于是教授去拜访了这位老师，向她请教是用什么样的绝招让这些贫民窟的孩子出人头地的。结果这位老师给出的答案并没有什么让人惊奇的地方，她只是说："我爱这些孩子。"

这个故事告诉我们，只要能够得到"真爱"，每一个孩子都是能够出人头地的，不论他到底出生和成长在什么样的环境当中。

这里有一个很重要的词语，那就是"真爱"。每个人对"真爱"的理解是不同的。有的人认为"真爱"应该是对孩子严厉。他们认为这样的方式能够防止孩子走错路，因此总是要在孩子面前树立自己的权威，对孩子实行各种各样的高压政策，只要孩子犯错，不是批评就是打骂，从来都不顾及孩子的感受。这种方式最终使得孩子变得唯唯诺诺，胆小怕事，缺乏自由自主的思维，从结果上来看，这显然不能算是"真爱"。有些人认为"真爱"就是宠着自己的孩子，孩子要什么就给什么，满足孩子的一切物质要求。这种方式最终使孩子变成了金钱的奴隶，从来都不会为别人考虑，只想着自己，自私自利，从结果来看，这也不是"真爱"。还有一些人认为"真爱"就是让孩子过上最好的生活。为此他们每天努力奋斗，因此忽略了对孩子的关注，忽视了孩子的需要，并且缺乏和孩子的交流，从而使孩子疏远了与父母的关系。这样的孩子将来很有可能会产生一些心理疾病，比如自闭等，甚至可能会走上错误的道路，显然，这也不是"真爱"。

那么，"真爱"到底是什么呢？美国著名的精神病学家威廉·哥德法勃曾经说过："教育孩子最重要的，是要把孩子当成和自己平等的人，给他们以无限的关爱。"也就是说，想要给孩子"真爱"，父母首先要尊重孩子，把孩子放在与自己同等的地位，在此基础上去关怀孩子、帮助孩子以及引导孩子，把亲情的温暖传递给孩子。其实，所谓的"真爱"，就是那种以关怀为起点，以理解为基础，以尊重和信任为核心，以严格的要求为原则的爱。只有这样，才能够让孩子感受到亲情的温暖，才会让他们产生积极努力的力量。

父母期望孩子出人头地，期望孩子将来能够取得让人羡慕的成就，这些都是可以理解的。但是，作为父母一定要明白，父母的期望，并不是孩子一个人的事情，而是需要父母和孩子共同努力的。如果父母真的想让孩子达到自己期望的程度，就不应该给孩子身上加上各种各样的期望，那只会给孩子带来无尽的压力，而是应该把"真爱"加到孩子的身上，这才是孩子努力奋斗的动力。

与其改变世界，不如改变自己

从前，有一个王国，那里地域辽阔，经济发达，人们生活安乐。有一天，这个国家的国王在王宫里待得太闷了，所以想要到远方游历一圈。

国王带着侍从，到了很多地方，走了很长的路。王宫外面的路，有平坦的，也有崎岖的，再加上国王从未走过这么多的路，所以当他回到王宫后，脚上磨出了水泡，疼得不得了。

国王非常生气，下了一道诏令，让人们把外面的路都铺上皮革。在路上铺皮革显然是非常不合理的，不仅需要无数的牛皮，还将花费巨额的钱财。

后来，终于有一位大臣冒着生命危险直言进谏："陛下，在路上铺上皮革会花费掉太多的库银，给您做几双牛皮底的鞋子，穿起来不硌脚，也能达到同样的效果。"

国王最后听取了这位大臣的建议。

这虽然是一则寓言，但却反映出了现实生活中很多类似的现象。生活中，每个人都想着改变这个世界，改变生活，改变他人，让生活中的事都按照自己的理想来发展。很少有人能够为了适应这个世界而主动改变自己。

为什么会这样呢？很多心理学家对这方面都进行了研究。

美国社会心理学家弗里茨·海德在他的著作《人际关系心理学》中，从通俗心理学的角度提出了一种归因理论。这个理论主要阐述的是，人们对现实生活中所发生的事情的原因推断、理解的过程。他指出：人们有理解环境和控制环境的心理需要；每个人都试图解释别人的行为，而且相信自己能够理解和解释别人的行为；所以在我们与别人交往过程中，在别人的行为与我们自己的理想不符合的时候，我们最先关注的是别人的行为，会在心里分析对方为什么要这么做。

除此之外，美国心理学家阿伦森在《社会心理学》中还指出，人们都有一种保持良好自我感觉的需要，都希望维护自己的自尊。人们会认为自己是对的，是好的，是高尚而优秀的，所以别人应该听自己的。可见，控制欲可以说是人人都有。当人们感觉自己无法控制别人、无法控制自己所生活的环境时，就会产生一种失望和无力的感觉。所以，当人们在生活中不顺心时，首先想到的是改变外界环境，改变别人，而常常不会想到改变自己。

虽然人这样做，是有一种心理基础存在的，但是人是否应该这样做呢？这样做是对的吗？答案当然是否定的。人虽然都有控制欲，想要控制和改变世界，然而，世界太纷繁复杂，个人的力量又太渺小，所以，想要改变世界，让自己接触到的人和事都像自己所想的那样，是非常困难的，也是不可能的。正确的做法是，改变自己以适应世界。

稻盛和夫是日本最为著名的企业家，他所创立的京瓷企业和第二电信企业都是世界前500强企业，被誉为"经营之神"。但就是这样的一个人，在最初的时候却是经常埋怨工作、变换工作、想要改变工作的人。

他曾经变换了很多份工作，觉得没有一份工作是合自己心意的。后来，是他哥哥的几句话改变了他，成就了今天的大企业家。

"你已经养成了这种挑剔的坏习惯，这对一个年轻人来讲是很不好的。每一次，你不喜欢工作，就想要换工作，其实应该变换的是你的心态。如果你一味挑剔工作，想要改变工作来符合你的理想，那我想，不会有工作让你满意的。"

这几句话一下子敲醒了稻盛和夫：问题在于自己，而不在于工作，所以自己的心态不改变的话，换再多份工作也没用。与其变换工作，不如改变自己，让自己适应工作。

从此，稻盛和夫沉下心来，努力做好当下的工作，后来得到了公司的重用。最后还创立了自己的公司，走向了成功。

稻盛和夫的经历，想必很多人都有过。单调乏味、人际关系复杂、福利不好、没有发展的机会，等等，我们总是对工作有各种不满，然后一次一次地跳槽，哪一次都不能称心如意。如果第一次、第二次都是公司的问题，那么第三次、第四次的时候，我们就应该反思一下了，为什么这些公司对别的很多人来说是合适的，而偏偏对自己不适合呢？也许问题就出在自己这里。善于从自己身上找原因，善于改变自己，才能更好适应这个复杂多变的世界。

竞争意识能让你立于不败之地

"物竞天择，适者生存"是英国伟大的生物学家、进化论的提出者达尔文所说的，意思是，生物之间相互竞争，能适应的才会生存下来，它清楚地表现了竞争在物种进化中的重要作用。所有生物，包括人类和动植物都处在不断的竞争中，生物以及整个社会都是在相互竞争中不断发展。

竞争心理是一种与他人比较，同时想超越他人的一种心理状态。人从小就具有竞争意识，这可以说是一种本能。小孩子们在一起玩，当自己堆的积木比别人的高的时候，就会很开心。

竞争分为健康的竞争和不健康的竞争两种。健康的竞争是指在一种良好的动机下，向着一个正确的目标，用一种正常的、不偏激的方式，所进行的竞争，这是一种积极向上的状态，是一种进取的反映。例如，学生通过努力学习、积极参加课外活动争当三好学生；员工通过认真负责地工作，争当优秀员工；企业通过提高效率和打造品牌来与同行竞争，占领更多市场；等等。不健康的竞争是指竞争的动机不良，或者竞争的方式、手段不正确，形成的一种消极的竞争状态。例如，为了能"称霸一乡"而竞争乡镇干部，靠打他人小报告来取得老师的信任，通过考试作弊或请客送礼来取得好成绩，等等。很明显，只有健康竞争才能促进个人和社会的真正进步发展，所以人们要有一种健康的竞争心理。

健康的竞争可以促使人提高自己，使人更加有干劲儿，知觉更敏锐准确，注意力更集中，充分发挥人的创造性，提高学习和工作效率。

查尔斯·史考伯是美国商界鼎鼎有名的人物，他是美国年薪最先超过 100 万美元的人中的一个。1921 年，安德鲁·卡耐基为新组建的美国钢铁公司选聘总裁，史考伯就成了第一任总裁。当时史考伯年仅 38 岁。他说过："想要让工作圆满完成，就要给人们提出挑战，激起人们超越他人的欲望，利用人们的竞争心理，使工作提高效率。"

有一天，查尔斯·史考伯到下属的暖气机制造厂去考察，经理向他汇报情况时，十分为难和无奈。经理说："工厂里的员工工作态度十分懒散，总是不能完成各自分内的工作。我向他们说好话不管用，威胁要开除他们也没有明显的效果。面对这种现象，我已经没有任何办法了。"

当时正值傍晚，日班的工人们刚刚下工，夜班的工人们不久就要开始工作。史考伯想了想，转头向最靠近他的那名工人问道："你们这班今天白天一共制造了几部？"

"六部。"工人答道。

史考伯听了，什么话都没说，拿起身旁的一根粉笔，在地上写了一个大大的数字6就离开了。

不久，夜班的工人们都纷纷来上班了。他们走进厂房时，看到了地上那个大大的数字6，都非常好奇，互相问是什么意思。

那位日班工人还没走，听到他们讨论，就向他们解释："今天，大老板来这时，问我们日班的人一天制造几台暖气机，我们制造了六台，他就把它记录在地板上了。"

第二天，史考伯又来到工厂里，他特意去厂房那个写着数字6的地方看。他原来写在那里的数字6已经被擦掉，现在上面写的是一个大大的数字7。

在这之后，地上的数字又有了变化，因为早班工人看到了那个原来的数字6换成了7，觉得夜班工人是在跟他们竞争、挑衅。于是他们合计着要给夜班工人点颜色看看，大家都卖力地工作起来，当天下班时，他们就自豪地把地上的数字7换成了一个大大的10。

渐渐地，在这种竞争的氛围下，这家工厂终于效率越来越高，效益越来越好，成了同行业中的佼佼者。

可口可乐公司与百事可乐公司都是闻名世界的碳酸饮料

生产公司，他们也是彼此的主要竞争对手。他们之间一直存在着激烈的竞争，紧盯着对方的发展动向，然后各自都不甘落后，从各方面提高自己。可口可乐公司为了宣传自己，用飞机在空中喷射烟雾的方式，喷射出"COCA-COLA"的品牌字样，十分新颖，夺人眼球。不过，当时因为缺少经验而未取得圆满成功。于是，在十几年后，百事可乐也用同样的形式，租了8架飞机，飞行近15万公里，在空中写下了自己的广告。

为了宣传自己，他们还想出了各具特色的方式，都在力争国民第一饮料的地位。1939年，可口可乐赞助了纽约世界博览会，让来自各国的名人都尝到了他们的产品，而且，还将名人畅饮可口可乐的照片印在了杂志封面上。百事可乐的广告也很有创意，他们专门设计了一套卡通片，创作了一首特别的广告歌曲，在全美都风靡起来。可口可乐与百事可乐是竞争对手，他们都在互相进行着良性竞争，而且，在这竞争中，双方都得到了长足的发展，表现出了勃勃生机，各自都成就了世界饮料市场的地位。

给予他人自由成长的空间很重要

选择教育孩子的方式，是让很多家长头疼的问题。望子成龙、望女成凤是每一个家长的愿望，然而最终并不是所有的孩子都能够实现家长的这种愿望，究其原因，还是在于家长对孩子的教育方式上。因此，家长们总是会为了选择什么样的方式教育孩子而伤透脑筋。

关于这个问题，在心理学中也有一些的研究，最后，人们发现了一种现象。如果能够以这种现象为基础制定教育孩子的方式，或许最终就能够让孩子取得更高的成就。这种现象就是"鱼缸法则"。

鱼缸法则是人们无意中发现的一种现象。在美国一家公司总部的进门处，摆放着一个非常漂亮的鱼缸，鱼缸里面养着十几条非常漂亮的小鱼。由于这个鱼缸就摆在进门处，并且它非常漂亮，因此每个来到这里的人都会驻足观察一番。渐渐地，人们发现，即使过去了很长时间，鱼缸里面的鱼似乎也没有发生任何变化，它们一直都是那么大，在鱼缸里面欢快地游来游去。这种情况让人们觉得很奇特。

然而有一天，这种状况被打破了，因为总裁那个调皮的儿子来到公司之后，出于对小鱼的好奇而不小心打碎了鱼缸。鱼缸碎了，鱼自然不能待在地上，但是，把这些鱼转移到哪里，成了人们犯愁的事情。最终，人们决定把这些鱼转移到院子里的喷泉中。

当然，这并不是长久之计，鱼缸还是要重新买的。但是因为某种原因，一直到两个月之后，鱼缸才被重新买了回来。鱼缸买回来后的第一件事情自然就是要把鱼重新转移到鱼缸中，于是人们纷纷跑到喷泉中去抓那些鱼。然而，鱼被人们抓上来之后，却给了人们一个大大的"惊喜"，因为放在鱼缸里两年都没有长一点的鱼，放在喷泉里两个月居然就长大了很多，甚至说"疯长"都不夸张。

这种现象引得人们议论纷纷。有的人说这些鱼之所以会长大，是因为喷泉中的水是活水，生活在活水中的鱼总是能得到最有利的生长。也有人说是水质的问题，认为喷泉中的水里含有某种有利于鱼类生长的矿物质，因此才促进了鱼的迅速生长。还有人认为可能是有人给鱼吃了某些东西，促进了鱼的生长。人们的看法各不相同，但是在一点上却达成了一致，那就是喷泉要比鱼缸大得多，这是一个重要的原因。

后来，研究的最终结果显示，那些鱼在喷泉中之所以会疯长，主要的原因就是喷泉中的空间要比鱼缸内的空间大得多。最终，人们把这种由于给了鱼更大的空间而带来的更快成长的现象称为"鱼缸法则"。

在这里，有一个十分重要的词语，那就是"空间"。所谓的空间，其实就是一个人的活动范围，或者说是人们所能够接触到的范围。一般来说，人们所需要的空间都是越大越好的。就比如买房子，在经济条件允许的情况下，人们都希望能够买一个面积大一点的，就是因为空间大，人们待在其中会感觉非常舒服。再比如交朋友，每个人都希望自己的朋友圈越大越好，这不仅能够显示出一个人的能力，还可能会对一个人的发展起到决定性的作用。

其实教育孩子和养鱼的道理是一样的。父母就像是鱼缸一样保护着孩子，如果总是把孩子置于自己的保护当中，不让孩子去接触外面的世界，那么孩子就会像养在鱼缸中的鱼一样，永远都长不大。因此，作为父母，想要让孩子茁壮成长，就必须要给孩子更多的自由空间。

每个人都有权力选择自己的生活方式，然而一个人对于生活方式的选择，与自身能够接触到的空间是有密切关系的。孩子终归是要长大的，当孩子长大之后，想要选择自己的生活方式的时候，就会发现，很多条道路都因为父母没有给予自己广阔的空间而被堵死了，剩下的只不过是那些父母允许自己接触到的东西。比如，一个孩子很有绘画天赋，但农民父母想让孩子继承他们的土地，教育孩子安分守己，农民就要做农民应该做的事情，不要去想其他的事情，那么很可能就会在孩子心中形成一种"我就是农民，长大了也是"的想法。在这种情况下，如果孩子长大之后想在绘画领域取得成就，很显然是不容易的事情。

另外，父母对于孩子的过度保护，对孩子性格的成长也会起到消极的作用。比如，无论孩子遇到什么事情，父母都帮助孩子去解决，而不是让孩子自己去想办法，这样到最后就会在孩子心中形成这样一种心理，那就是无论什么事情父母都能解决，自己什么都不需要担心，久而久之，孩子就会失去努力的动力，觉得反正所有的事情父母都会安排好，自己努不努力都无所谓。这样的孩子终究是无法面对生活的挑战以及社会上的各种困难和挫折的。

所以说，父母必须要给孩子一个广阔的空间，让孩子能够接触到各种各样的东西，这样孩子才能学会如何生活，并且找到自己的生存方式。当然，这并不是说父母就不应该给孩子任何的保护，父母适当的保护是必要的，最起码需要防止孩子误入歧途。

实际上，在生活中，很多父母也都知道必须要给孩子一定的成长空间，然而却并不能够做到这一点，因为他们总是会在心里担心这个、担心那个，认为孩子还小，什么都不懂。这显然是错误的想法。孩子确实很小，也确实有可能什么都不懂，可是孩子会努力，他会努力观察周围的所有事物，甚至会模仿周围的事物。重要的是，父母要让自己成为孩子的引导者，而不是控制者。只有给孩子自由和空间，才能让孩子成为父母心中那个最完美的孩子。

或许鱼缸法则并不一定适用于每一个家庭，但是它一定适用于所有的孩子，他们需要梳理羽毛的空间，他们需要练习飞翔的空间，他们也需要获取更多的生活知识和学习知识的空间。

其实，很多时候父母对于孩子的保护，都会被孩子看成是一种限制，特别是处在叛逆期的孩子，他们总是会有意识地和父母唱反调，所以过度的保护很可能会让孩子的身心朝着不健康的方向发展。因此，把空间还给孩子吧，这样既能让孩子茁壮成长，又能够让孩子少一些叛逆。

当然，鱼缸法则并不仅仅应用在父母对孩子的教育当中，在生活中的其他领域，也会起到很好的效果。比如，在企业管理当中，如果老板能够给员工更大的发挥空间，或许员工就会为公司创造更多的利润。再比如，给百姓更大的权力，让百姓能够把领导置于自己的监督之下，或许就能够防止领导干部贪赃枉法现象的产生。

鱼缸法则带给我们一条很重要的启示，那就是任何人都需要有更大的空间来发挥自己真实的才能，或者是找到真正的自己。因此，在生活中，人们不要限制自己的发展空间，也不能让别人限制我们的发展空间，当然，更不能去限制别人的空间，包括自己的孩子。

别让拖延症毁了自己

"明日复明日，明日何其多。我生待明日，万事成蹉跎。"这两句诗出自人们熟知的《明日歌》，表达了诗人对时光飞逝的感叹，劝告世人要珍惜当下的每一天。同时，这两句诗也表明了当今很多人都有的心理问题——拖延症。

杨帆曾经是某公司一名普通职员，因为工作勤勤恳恳，又十分认真、积极，所以被提升为部门主管。然而，自从成为主管后，杨帆慢慢变得做事拖沓，很多事情都不能按计划完成，一拖再拖。对于这个毛病，他自己也很烦恼。

下一年度的部门预算快要向上级呈报了，这一天，他在上班的路上下决心一到办公室就着手去做，不再拖了。九点整，杨帆准时走进办公室，坐在了座位上。他先拿起自己的水杯接了一杯水放到桌子上，就在这时，他注意到了桌子上放了很多东西，有些凌乱，所以就想在做工作之前，先把办公桌以及办公室整理一下。

整理完之后，半个小时就这样过去了。杨帆虽然没能按照最初的计划，一到办公室就开始工作，可是他觉得花费这半小时整理是值得的，他相信好的办公环境有利于提高工作效率。

杨帆坐下来，想稍稍休息一下就开始工作，他在这个休息的空当随手点了一支烟，同时他无意中瞥到了桌子上摆着的报纸，版面上印着的那个球星是他一直很喜欢的，所以他情不自禁地就拿过来翻看起来。然而，等他吸完手里的烟，又将报纸翻了一遍之后，又10分钟过去了。这时，杨帆稍稍觉得有些不自在了，因为情况与他的计划已经相差越来越多了。不过，杨帆想，看报纸不能算浪费时间，报纸是人们与外界沟通的一种媒介，在这个信息化社会了解更多信息有着很重要的作用。而且，作为一个部门的主管，是应该时刻关注外界的变化的。此外，报纸放在这里，即使现在不看，中午或者晚上也一定会看的，虽然现在这10分钟过去了，可是中午或者晚上那10分钟就省出来了。这样想着，杨帆又觉得无所谓了。

终于，他坐在办公桌前，打开电脑正要工作时，一个电话打进来了。那是一个顾客的投诉电话，对方情绪有些激动，杨帆连连道歉，解释了近20分钟，对方才消了气。杨帆挂了电话，去了一趟洗手间。

本想从洗手间回来就马上开始工作的，然而，在回办公室的途中，杨帆闻到了浓浓的咖啡香气。他向休息厅望去，是另一个部门的几个同事聚在那里喝"上午茶"呢，他们招呼杨帆一起过去休息一下。杨帆正因为刚刚处理客户的投诉电话而心烦意乱，也没有办法马上专心工作，他想，草拟预算需要静心和头脑清醒，所以索性就先休息一下，等状态调整好了，再投入工作。于是，杨帆走过去与大家愉快地闲聊起来。

与大家聊了一会儿，果然心情好多了，杨帆精神饱满地向自己的办公室走去，准备"正式工作"了，然而，杨帆一看表，顿时呆住了，已经 10 点 45 分了，而 11 点的时候，部门就要开例会了，杨帆觉得，只剩下 15 分钟了，时间太短，根本做不了什么，所以就干脆把预备今天一上班就做的草拟预算的工作推到明天了。

显然，杨帆具有拖延的心理和毛病。本来计划好的事情，却因为其他很多不必要的小事而耽误，再三拖延，留到以后做。这种拖延心理和习惯的形成是有一定原因的。其中最本质的原因是人贪图享乐的本性。人人都喜欢轻松和快乐的生活，不愿意承受压力和痛苦。然而，大多数的工作伴随而来的是枯燥、劳累和心理上的压力。有些人敢于直面和承受这些，所以能很快行动起来，而具有拖延心理的人往往不想承受这些，所以他们就会找到各种理由，将本应付诸行动的事情一再往后推。

拖延症的人对于要做的事情，在心理上总会很重视它的最后期限，并对所需时间有一个预估，往往要等到剩下那几天不得不开始做的时候才开始。例如，一个人认为自己做某件事情需要 5 天时间，那么在离期限还有 15 天的时候，他一点也不着急，而等到只剩下 5 天时间的时候，才有了压力和紧迫感，急匆匆地赶任务。所以"前松后紧"成了有拖延心理的人的常态。

　　杨帆之所以一拖再拖，也是由于上交部门预算的最后期限还没到，可以留到"明天"再做，所以"今天"就这样因为各种小事而拖过去了。而且，相比收拾办公桌、吸烟、看报纸、聊天等，做预算显然是比较枯燥无味的事情，所以他就不自觉地因为这些轻松的小事而把枯燥无味的工作拖延了。

　　当然，拖延症还有几点其他的原因。其中，承受挫折的能力低是很重要的一个方面。人们在遇到困难的时候感到失望和沮丧，所以自然就会把事情暂时搁置了。另外，适应能力低也是一个重要原因。无法适应新事物或者快节奏，就会因失落而产生倦怠的情绪。

　　拖延的坏习惯是非常有害的，因为这会让自己无法按计划有条不紊地做事情，生活渐渐地就会一团糟，最终处于压力和焦躁中。所以改正拖延的坏习惯是非常重要而急切的。

首先，应该锻炼自己的执行能力。做事情之前，要在心中对它做出计划，并积极地付诸行动，对每一件小事都要重视，然后勇敢去做，不要畏首畏尾。

　　其次，要养成做计划的好习惯。如果事情较多，自己则在心里根据事情的轻重缓急做出规划，然后在弹性范围内，争取按照计划完成任务。当事情较为复杂时，可以把它分成几个小步骤。

　　此外，有一个行动能力强的伙伴在旁边督促也是一个非常有效的方法。

为了热爱，学会忍耐

在现实生活中，如果我们知道某个人特别喜欢某种东西，而这种东西我们自己的手上还有的时候，如果想要求这个人办事情或要求这个人去做什么，我们就会许诺在事成之后把对方喜欢的东西送给他。比如一些家长会许诺孩子，如果孩子在考试中能够取得一个让家长满意的成绩，就会给孩子买他喜欢的某个物品作为奖励；老板如果想要让自己的员工加班加点地去完成一项本不属于他们的工作，老板也会表示只要工作完成，员工就能够得到很好的待遇或他们想要得到的东西。那么，人们为什么会使用其他人喜欢的东西来达成自己想要的结果呢？

从心理学上来讲，人们之所以能够用其他人喜欢的东西来达成自己的目的，主要是受到了"普雷马克原理"的影响。所谓的普雷马克原理，是指如果人们能够明确知道在后面有一个自己喜欢的东西等着自己，那么即使面对自己非常不喜欢的任务，也有动力快速把面前的任务完成。其实它就是相当于在人们的前面摆了一道二选一的选择题，如果选择不去做某件事情，那么就什么都得不到；如果选择去做这件事情，那么做完之后就能够得到自己非常喜欢的东西。很显然，大多数人都会选择第二个选项，这就让人们在无形之中受到了普雷马克原理的影响。

对于普雷马克原理，我们可以理解为是一种妥协，毕竟做了不喜欢做的事情，就可以称得上是妥协。但是，这种妥协是人们乐于接受的，因为人们在妥协之后能够得到自己喜欢的东西。也就是说，虽然普雷马克原理是让人们去接受自己不喜欢的东西，但是并不会受到人们的排斥，从这一点上来看，普雷马克原理对人们的影响基本上是积极的。

普雷马克原理最早是由心理学家普雷马克提出的。他认为，用高频率的活动来强化低频率的活动，能够促进低频率活动的发生。

为了证明自己的观点，普雷马克曾经在1959年做过一个实验。他找了一些孩子，随后拿出糖果和游戏机让这些孩子在其中选择一种。这时候，因为有些孩子喜欢糖果，有些孩子喜欢游戏机，所以孩子自然就分成了两队。

随后，普雷马克正式开始进行自己的实验。他对那些选择糖果的孩子说，如果你们想要得到更多的糖果，就必须去打游戏。而对那些选择游戏机的孩子说，如果你们想要有更多的时间来打游戏，就必须要先吃掉一些糖果。

最后的结果是：虽然不喜欢，但是想要得到更多糖果的孩子还是选择了去打游戏；而想要用更多的时间去打游戏的孩子还是选择了去吃糖果。

这个实验充分说明，如果有一个自己喜欢的东西等着自己，人们是可以完成那些自己不喜欢的任务的。也就是说，这些孩子都是受到了普雷马克原理的影响。那么，人们到底为什么会受到普雷马克原理的影响呢？这主要是因为强化的依随性的存在。

所谓的强化的依随性，说的是强化与人的反应之间的一种关系，是指强化总是伴随着人的反应之后而出现。美国行为主义心理学家的代表人物斯金纳曾经做过一个实验，实验的内容是在特制的实验箱内研究白鼠的学习。在这个特制的实验箱中，装有一个杠杆，而杠杆的另一端则连接着传递食物的机械装置。只要压动杠杆，就会有食物流到实验箱中，这样白鼠就能够吃到食物。

白鼠被放到实验箱中后，是可以自由活动的。经过一段时间之后，白鼠发现，当它踏上箱子中的杠杆的时候，就会有食物流入到箱子里面，这样它就能够吃到食物。为此，白鼠反复实验了几次，发现每次的效果都是一样的，因此白鼠就建立了按压杠杆来取得食物的条件反射。斯金纳将这种条件反射命名为"操作性条件反射"。由操作性条件反射所构成的行为叫作"操作行为"。操作行为的形成过程叫作"操作学习"。斯金纳认为强化是操作性行为形成的重要手段，并进一步提出操作学习的基本规律，即如果一个操作发生后，接着呈现一个强化刺激，则这个操作的强度就会增加。在白鼠的学习实验里，食物是一种强化物，它总是伴随着白鼠按压杠杆的行为反应之后出现，并使白鼠按压杠杆的行为不断被强化。

在普雷马克原理当中，人们面对的困难的事情就是一种操作，而这件困难的事情之后，人们将要得到的自己喜欢的东西就属于一种强化刺激，而它正好刺激人们能够快速去做完正在面对的困难的事情。

在现实生活中，普雷马克原理的应用是非常广泛的。比如：在教育中，利用孩子喜欢的东西来刺激孩子学习；在工作中，利用员工想要的东西来刺激员工努力工作；在爱情中，利用爱人喜欢的东西来加深两个人的感情等。这就是说，如果人们能够正确运用，普雷马克原理对于人们生活中的很多事情都是有帮助的。

那么，到底应该怎样去运用普雷马克原理呢？其实，普雷马克原理的运用很简单，由于普雷马克原理基本上只能运用在别人的身上，所以首先要做的就是找到一个目标喜欢的东西，随后让目标完成任务以便达到自己的目的就可以了。当然，如果想要正确利用普雷马克原理来达到自己的目的，是需要注意一些事情的。

第一，必须是先让目标完成他们感觉困难的任务，之后才能把目标喜欢的东西给他。也就是说，必须要注意先后顺序，这种先后顺序是无论如何都不能颠倒的。比如你想以看电视为条件让一个学生写作业，那么就必须先让那个学生完成作业之后才能去看电视，而不能先让他看电视之后再去写作业。其实可以换个角度考虑一下，如果你是那个喜欢看电视的学生，在看完电视之后你会去写作业吗？

第二，必须对目标完成任务的程度做出严格的要求，避免目标为了得到自己喜欢的东西而草草完成任务，那样的话普雷马克原理的运用就完全没有任何意义。比如，你想让一个喜欢看电视的学生完成作业，因此就答应说允许他完成作业后看电视。当然，你的主要目的是让这个学生能够在学习上取得进步，因为一个学生总是能够认认真真完成作业的话，在学习上取得进步的可能性是很大的。假如那个学生为了看电视，每次都是马马虎虎地完成作业，又怎么能够取得学习上的进步呢？

第三，必须要选择正确的强化对象，也就是说，必须要找准目标喜欢的东西才能够运用普雷马克原理，否则没有任何作用。比如，一个学生明明喜欢看电视，你却让他必须先写作业之后才能够去玩电脑，这是没有任何作用的，因为这个学生并不一定喜欢玩电脑，他不见得会为了玩电脑而去写作业。

当然，虽然说普雷马克原理对人们产生的作用大多是积极的，但是也不能经常使用，因为它也有一定的消极作用，就是会让人们产生一种"做完一件事情就必须得到一件自己喜欢的东西"，或者"只有为了自己喜欢的东西才会去做困难的事情"这样一种惯性思维。从长远来看，这种思维对人们是不利的，因为运用普雷马克原理说到底还是为了让人们以正确的心理和态度去对待困难的任务，如果真的出现这种惯性思维，明显就与人们的期望背道而驰。

　　普雷马克原理给了我们一个重要的启示，那就是在生活中，一定要有自己喜欢的东西。这样，就算是在面对困难的时候，也能够找到帮助自己前进的动力。

图书在版编目（CIP）数据

人性的底层逻辑 / 王莉著 . -- 深圳 : 深圳出版社，

2023.4（2023.8 重印）

ISBN 978-7-5507-3762-4

I.①人… II.①王… III.①心理交往 - 通俗读物

IV.① C912.11-49

中国国家版本馆 CIP 数据核字 (2023) 第 019159 号

人性的底层逻辑
RENXING DE DICENG LUOJI

出 品 人	聂雄前
策划编辑	吴 迪
责任编辑	黄海燕
责任技编	梁立新
装帧设计	璞茜设计 2815932450@qq.com

出版发行	深圳出版社
地　　址	深圳市彩田南路海天综合大厦（518033）
网　　址	www.htph.com.cn
订购电话	0755-83460239（邮购、团购）
排版制作	大连哲贤翻译服务有限公司
印　　刷	保定市铭泰达印刷有限公司
开　　本	800mm × 1230mm　1/32
印　　张	8
字　　数	160 千
版　　次	2023 年 4 月第 1 版
印　　次	2023 年 8 月第 2 次
定　　价	49.00 元

版权所有，侵权必究。凡有印装质量问题，我社负责调换。

法律顾问: 苑景会律师 502039234@qq.com